华夏国学经典
全本全注全译丛书

增广贤文 弟子规

冯国超◎译注

华夏出版社
HUAXIA PUBLISHING HOUSE

图书在版编目（CIP）数据

增广贤文 弟子规/冯国超译注.――北京：华夏出版社，2017.2（2024.9重印）
（华夏国学经典全本全注全译丛书）
ISBN 978-7-5080-9105-1

Ⅰ.①增… Ⅱ.①冯… Ⅲ.①古汉语-启蒙读物 ②《增广贤文》-译文 ③《弟子规》-译文 ④《增广贤文》-注释 ⑤《弟子规》-注释 Ⅳ.①H194.1

中国版本图书馆CIP数据核字（2016）第305843号

增广贤文 弟子规

译 注 者	冯国超
责任编辑	裘挹红

出版发行	华夏出版社有限公司
经　　销	新华书店
印　　刷	三河市少明印务有限公司
装　　订	三河市少明印务有限公司
版　　次	2017年2月北京第1版 2024年9月北京第7次印刷
开　　本	880mm×1230mm　1/32
印　　张	4.5
字　　数	109千字
定　　价	10.00元

华夏出版社有限公司　地址：北京市东直门外香河园北里4号　邮编：100028
网址：www.hxph.com.cn　电话：(010) 64618981
若发现本版图书有印装质量问题，请与我社营销中心联系调换。

目 录

增广贤文 ······ 001
  前言 ······ 003
  增广贤文 ······ 011
  附录：增广贤文（原文＋拼音）······ 066

弟子规 ······ 093
  前言 ······ 095
  一、总叙 ······ 099
  二、入则孝，出则弟 ······ 101
  三、谨而信 ······ 110
  四、泛爱众而亲仁 ······ 120
  五、行有余力则以学文 ······ 127
  附录：弟子规（原文＋拼音）······ 132

增广贤文

前　言

《增广贤文》又名《昔时贤文》《古今贤文》《增广便读昔时贤文》，全书近四千字，是中国古代著名的蒙学经典。作者及成书时间不详。在明代戏曲作家汤显祖（公元1550—1616年）所写的《牡丹亭》第七出"闺塾（shú）"中，有"《昔氏贤文》，把人禁杀"一句，一些学者认为，此《昔氏贤文》即《昔时贤文》。若果真如此，则《增广贤文》的成书时间不会晚于明代。

到了清朝同治年间（公元1862—1875年），儒生周希陶对《增广贤文》作了修订，不仅对原书顺序作了调整，还增加了不少新的内容，命名为《重订增广》。但因为《重订增广》所增加的内容语句不够精练，内涵不够深刻，其影响力明显不及《增广贤文》。

关于《增广贤文》一书的性质，作者在书中的开头有明确的说明："昔时贤文，诲汝谆（zhūn）谆。集韵增广，多见多闻。"意即从前优美精辟的文字，恳切地教导着你。汇集有韵律的文句，编成《增广贤文》，以增加人们的见闻。也就是说，该书是作者汇集古代优美精辟的文字按韵律编排而成，相当于一本格言警句集，其中的文句，大多并非作者的原创。

那么，作者在区区不到四千字的《增广贤文》中，都汇集了哪些文字呢？这其实涉及《增广贤文》一书的主要内容和特点，我们可以从以下几个方面来认识：

一、揭示了世态炎凉、人心险恶。中国古代有代表性的蒙学经典如《三字经》《千字文》《弟子规》等都是充满正能量的作品，其中展示的多为充满阳光的生活世界和积极向上的人生态度。《增广贤文》则与之不同，它首次向人们展示了社会阴暗甚至冷酷的一面。首先是人心叵（pǒ）测，人们很难交到知心的朋友："画虎画皮难画骨，知人知面不知心"，"相识满天下，知心能几人"；而且更为可怕的是，有的熟人朋友甚至比会吃人的老虎还要厉害："虎生犹可近，人熟不堪亲"，"入山不怕伤人虎，只怕人情两面刀"。其次是人们唯利是图，贪得无厌："人为财死，鸟为食亡"，"点石化为金，人心犹未足"。这种对财富的畸形追求造成社会上到处都是嫌贫爱富的势利之人："贫居闹市无人识，富在深山有远亲"，"有钱道真语，无钱语不真；不信但看筵（yán）中酒，杯杯先劝有钱人"，"有茶有酒多兄弟，急难何曾见一人"。再次是世上小人多而君子少："山中有直树，世上无直人"，"茫茫四海人无数，哪个男儿是丈夫"。因此，有不少人生活得十分无聊，喜欢议论别人的长短、搬弄是非："谁人背后无人说，哪个人前不说人"，"假饶染就真红色，也被旁人说是非"，"好事不出门，恶事传千里"。生活在这样的世界中，真可谓危机四伏，令人防不胜防。

二、明哲保身的处世之道。人们的处境虽然险恶，但是生活还得继续，那么人们又该如何去应对呢？《增广贤文》为我们设计了一整套"有效"的处世策略。

1. 防。既然人心叵测，那么在与他人交往时，就要有防备之心，不要被表面现象所迷惑："莫信直中直，须防仁不仁"；而且说话也要留有余地，不要暴露自己的真实想法："逢人且说三分话，未可全抛一片心。"即使在事业上一帆风顺时，也要想到物极必反，从而及时采取措施,防止发生不测之事:"得宠思辱,居安虑危。念念有如临敌日,心心常似过桥时","受恩深处宜先退,得意浓时便可休。莫待是非来入耳,从前恩爱反为仇"。

2. 躲。既然人情如纸,环境险恶,为了避免风险,便须采取躲避的办法:"明知山有虎,莫向虎山行。"在日常生活中,则要学会装聋作哑,要深居简出,尽量少与别人交往:"见事莫说,问事不知,闲事莫管,无事早归。"甚至当自己遇到很大的困难,需要别人帮忙的时候,也最好不要去求人:"无钱休入众,遭难莫寻亲",因为人都是自私的,当你一贫如洗时,人们避你唯恐不及,你再找上门去,只能自讨没趣。

3. 忍。生活中常常会有无妄之灾,有的事情不是你想躲就躲得掉的,那么,当麻烦甚至灾祸无情地降临到你的头上时,又该怎么办呢?《增广贤文》告诉我们,此时就要学会忍耐:"触来莫与竞","得忍且忍,得耐且耐",因为"不忍不耐,小事成大"。作者甚至认为,在人们遇到麻烦或是非时,不妨学做缩头乌龟:"是非只为多开口,烦恼皆因强出头。忍得一时之气,免得百日之忧。近来学得乌龟法,得缩头时且缩头。"

4. 借酒浇愁。俗话说,忍字头上一把刀,要做到事事忍让是极为不易的,那么,当你实在忍无可忍时,又该如何呢?作者还有一招,就是喝酒,借酒浇愁:"三杯通大道,一醉解千愁","今朝有酒今朝醉,明日愁来明日忧","醉后乾坤大,壶中日月长"。然而对于借酒浇愁的做法,作者并不自信,因为作者意识到,醉酒只是暂时的麻醉,并不能真正解愁:"药能医假病,酒不解真愁"。据此,作者也认为,喝酒其实并不是什么好事,它会损害人的身心健康:"清清之水为土所防,济济之士为酒所伤。"因此,人最好能戒酒,并通过观察醉酒之人的丑态来坚定自己戒酒的决心:"若要断酒法,醒眼看醉人。"作者在对待喝酒问题上这种自相矛盾的态度,事实上也意味着其明哲保身的处世哲学就如借酒浇愁一样,并不能真正解决问题。

三、"一身都是命安排"的命定论思想。古代中国人大多信命,认为人一生的穷通寿夭、贫富祸福都是命中注定的,人无力去改变它。如在《论语·颜渊》中就有"死生有命,富贵在天"的说法,孔子也常常把自己生活中的遭遇归于天命的安排。在《增广贤文》中,此类命定论的思想随处可见,诸如"大家都是命,半点不由人","命里有时终须有,命里无时莫强求","万事不由人计较,一身都是命安排",等等。既然一切都是命中注定,那么人的所作所为无疑都是徒劳的:"万事皆已定,浮生空自忙"。因此,人所能做的,就是安守本分,静候命运之神的安排:"时来风送滕王阁,运去雷轰荐福碑","运去金成铁,时来铁似金"。

四、惩恶扬善的善恶观。虽然《增广贤文》中揭露了诸多社会中的阴暗面,但是作者并没有因此而灰心丧气,更没有要求人们去同流合污。针对社会上小人众多、人们不肯行善助人的现象,作者明确劝导人们要多做善事、不做恶事:"善事可作,恶事莫为","一毫之恶,劝人莫作;一毫之善,与人方便"。为什么呢?因为行善不仅能使人感到快乐,而且还能使人长寿:"为善最乐,为恶难逃","善必寿考,恶必早亡"。当然,最根本的原因还在于行善与作恶会带来不同的报应:"善有善报,恶有恶报;不是不报,日子未到","人恶人怕天不怕,人善人欺天不欺。善恶到头终有报,只争来早与来迟"。这种"善有善报,恶有恶报"的思想在中国社会中长期流行,虽然表面上看似有某种迷信的成分,实质上却是对历史经验的深刻总结,因为归根结底,所有的善行都会受到人们的褒奖,而所有的恶行最终都会遭到人们的鞭挞(tà)并让作恶者付出相应的代价。

五、重义轻财的义利观。针对社会上一些人唯利是图、嫌贫爱富的现象,作者明确指出,钱财并不是世上最贵重的:"钱财如粪土,仁义值千金","不求金玉重重贵,但愿子孙个个贤","黄金未为贵,安乐值钱多","积金千两,不如明解经书"。这说明,在作者眼里,仁义、子孙贤能、安乐、明解经书等是比钱财更有价值的东西。在此基础上,作者进一步指出,人的生活离不开钱财,这是客观事实,因此钱财并非不重要,人们喜欢钱财也没有什么不对,关键在于获取钱财的途径一定要正当:"君子爱财,取之有道","宁向直中取,不可曲中求"。如果通过正当的途径无法获得财富,则宁愿过清贫的日子,也不要通过非法的手段去获取财富:"宁可正而不足,不可邪而有余。"

六、积极有为的人生观。《增广贤文》在处理人际关系方面主张忍、躲、不争,然而,在涉及个人前途的问题上,却主张积极进取,奋发有为,具体表现在这样三个方面:

1. 强调了学习的重要性,认为读书学习是世上最有价值的事情:"世上万般皆下品,思量唯有读书高。"为什么呢?因为人只有通过学习,才能懂得事理:"人学始知道,不学亦徒然",否则,没有文化的人就像穿着衣服的马牛一样:"有田不耕仓廪(lǐn)虚,有书不读子孙愚。仓廪虚兮岁月乏,子孙愚兮礼义疏。……人不通古今,马牛而襟裾(jīnjū)。"因此,那些通过学习掌握知识的人,才是真正对社会有用的人才:"好学者如禾如稻,不学者如蒿(hāo)如草。"

2. 要珍惜时间,不要让光阴虚度。作者指出,时光飞逝,人的一生是极其短暂的:"光阴似箭,日月如梭(suō)","记得少年骑竹马,看看又是白头翁";而且时间一去不会复返:"枯木逢春犹再发,人无两度再少年"。因此,人不应该虚度光阴:"莺花犹怕春光老,岂可教人枉度春",而应趁着年少之时积极努力,以免将来后悔:"月过十五光明少,人到中年万事休","少壮不努力,老大徒伤悲"。

3. 人生必须追求成功,并要为此付出艰苦的努力。作者明确指出,人生在世,应该追求功名富贵:"为官须作相,及第早争先";但是,正如"笋因落箨(tuò)方成竹,鱼为奔波始化龙",对功名富贵的追求不是轻而易举、一帆风顺的,它需要人在痛苦中磨炼、在寂寞中奋斗:"欲求生富贵,须下死工夫","十年窗下无人问,一举成名天下知"。同时,作者还提醒人们要自强不息,力争上游,否则就会被社会淘汰:"莫道君行早,更有早行人","长江后浪推前浪,世上新人赶旧人"。这些思想,与前面那些提倡明哲保身、甘愿做缩头乌龟的观点形成了鲜明的对照。

综上所述,《增广贤文》蕴含的思想是极其丰富的,不过,它不像《三字经》那样致力于对经典和历史知识的介绍,也不像《弟子规》那样专注于教育孩子做人的规矩,更不像《幼学琼林》那样集中于对典故知识的解释,而是通过汇集前人的论述,告诉人们世事的复杂、人性的弱点、处世的对策、生活的真谛和人生的目标。虽然其中的某些观点有些偏激,有的甚至近乎冷酷,需要我们加以分析批判,但是,它对于人们更好地认识社会现实,无疑有振聋发聩(kuì)的作用;虽然有些论述前后不一、自相矛盾,甚至存在明显的错误,需要我们认真鉴别,但是,它对于我们了解事物存在的复杂性,避免对问题作简单化处理,无疑是很好的提醒。正是因为《增广贤文》蕴含的上述特点,加上《增广贤文》通俗易懂,文句押韵,读来朗朗上口,使它填补了以往蒙学读物重知识教育、重行为指导而缺乏说理论证的空白,为中国古代蒙学经典增添了多姿多彩的篇章。

然而,遗憾的是,《增广贤文》问世后,一直缺乏权威的定本,而且清末民初的本子,大多字迹潦草,印刷粗糙,这也导致目前出版的各种《增广贤文》本子内容差异很大(但出版者却常常对此不作明确的说明)。正是为了解决这种《增广贤文》版本混乱的状况,同时也为了使读者能更好地把握《增广贤文》的内涵，我们撰作了这部《华夏国学经典全本全注全译丛书·增广贤文》。概括地说，本书主要有以下几个方面的特点：

一、本书的原文以民国版《增广贤文》为底本，同时参阅了清代李光明庄精刻本《增广贤文》、民国时期刊行的其他一些本子及当今一些较具代表性的《增广贤文》出版物。

二、注释简洁、准确、客观、全面。目前出版的许多古代经典注译本有一个较为明显的通病，就是注译者作注较为随意，这种随意表现在两个方面：一是哪些字词须注，哪些字词不用注，没有统一的标准，造成一些必须加注的疑难字词常常被有意无意地回避了，这必然会给读者阅读古代经典带来很大的困难；二是注释文字较为随意，注译者常常根据自己的理解来作注，而不是依据相关工具书上的解释，这就使注释文字缺乏权威性。本书则做到逢疑难必注，不回避问题，对于迄今仍存在分歧和争议的地方，坚持实事求是的原则，或明确表示存疑，或同时列举几种有代表性的观点，以提示读者此处内容并无确解。同时，注释文字一律采用《汉语大词典》《辞海》《辞源》《古代汉语词典》等权威工具书中的解释，以避免误导读者。

三、在白话翻译部分，尽量采用直译的做法，不作引申和发挥，并力求使译文精致、流畅。

衷心希望广大读者能在赏心悦目的阅读中，轻松把握《增广贤文》的内容和精髓。

冯国超
2016年9月于北京

增广贤文

昔时①贤文②,诲③汝④谆(zhūn)谆⑤。集韵⑥增广⑦,多见多闻。观今宜⑧鉴⑨古,无古不成今。

【注释】

①昔时:往日;从前。　②贤文:优美精辟的文字。贤:优良;美善。一说指圣贤的言论。　③诲:教导;劝导。④汝:你。　⑤谆谆:形容恳切而不厌倦。　⑥集韵:汇集有韵律的文句。　⑦增广:增加,扩大。这里指《增广贤文》一书。　⑧宜:应该。　⑨鉴:观察;审察。

【译文】

从前优美精辟的文字,恳切地教导着你。汇集有韵律的文句,编成《增广贤文》,以增加人们的见闻。观察今天应该考察古代,因为没有古代就没有今天。

知己知彼①,将心比心②。酒逢知己③饮,诗向会人④吟⑤。相识满天下,知心⑥能几人。相逢好似初相识,到老终无怨恨心。

【注释】

①知己知彼：对自己的情况和对方的情况都有透彻的了解。彼：对方；他。　②将心比心：拿自己的心去比照别人的心，指遇事设身处地替别人着想。将：拿。　③知己：彼此相互了解而情谊深切的人。　④会人：能够领会其中意思的人。会：领悟；理解。　⑤吟：有节奏地诵读。　⑥知心：彼此相互了解而情谊深切。

【译文】

对自己和对方的情况都应有透彻的了解，应该设身处地替别人着想。酒应该在碰到知心朋友时喝，诗要向能理解其中意思的人吟诵。世上到处有你认识的人，但其中真正称得上知心朋友的又有几个？与人交往时每次碰到对方都像刚刚认识一样，到老也不会产生怨恨之心。

　　近水知鱼性，近山识鸟音。易涨易退山溪水，易反易复①小人②心。运③去金成铁，时④来铁似金。读书须用意⑤，一字值千金。

【注释】

①易反易复：指容易变化无常。　②小人：人格卑鄙的人。　③运：运气；幸运。　④时：时机，有时间性的有利条件。　⑤用意：用心；专心。

【译文】

临近水才能知道鱼的习性，靠近山才能了解鸟的叫声。山溪中的水容易上涨也容易退去，卑鄙的小人往往反复无常。运气离你而去的时候黄金也会变成铁,时机到来的时候铁也会变得像黄金一样。读书时一定要用心,因为书中的每一个字都价值千金。

逢人且^①说三分^②话,未可全抛^③一片心。有意栽花花不发^④,无心插柳柳成荫(yīn)^⑤。画虎画皮难画骨,知人知面不知心。钱财如粪土,仁义^⑥值千金。

【注释】

①且:宜;应当。　②三分:十分之三。　③抛:显露;暴露。　④发:花开放。　⑤荫:树荫,树木枝叶在日光下所形成的阴影。　⑥仁义:仁爱和正义。

【译文】

与人说话时应只说三分,不要把自己的所有想法都说出来。用心去种花,花却不开放;无心插下的柳枝,却生长旺盛、绿树成荫。画老虎时能画出虎皮,却画不出老虎的骨头;认识一个人时能看清他的长相,却很难知道他真实的内心。钱财就像粪土一样不足珍惜,仁爱和正义则价值千金。

流水下滩^①非有意,白云出岫(xiù)^②本无心。当时若不登高望,谁信东流^③海样深。路遥^④知马力^⑤,事久见人心。两人一般^⑥心,有钱堪^⑦买金;一人一般心,无钱堪买针。相见易得好,久住难为人。马行无力皆因瘦,人不风流^⑧只为贫。

【注释】

①滩:江河中水浅流急石多的地方。　②岫:山洞。　③东流:指向东奔流的江河。　④遥:远。　⑤马力:马的力量。　⑥一般:一样;同样。　⑦堪:能;可以。　⑧风流:洒脱放逸;有才学而不拘礼法。

【译文】

水流下滩头并不是有意的,白云从山洞中飘出也是自然而然的。如果当时不是登高远望,谁会相信向东奔流的江河会像海一样深。路途遥远才知道马力量的大小,经历的事情多了才会了解人心的好坏。两个人一条心,就会挣到能买黄金的钱;一个人一个想法,会连买针的钱都挣不到。刚相见时容易处得很好,在一起住的时间长了就难以相安无事。马奔跑时没有力量,那是因为长得太瘦;人活得不潇(xiāo)洒自在,那是因为过于贫穷。

饶①人不是痴汉②,痴汉不会饶人。是亲不是亲③,非亲却是亲。美不美④,乡中水;亲不亲⑤,故乡人。莺(yīng)花⑥犹⑦怕春光⑧老⑨,岂可教人枉⑩度春。相逢不饮空归去,洞口桃花也笑人。红粉佳人⑪休⑫使老,风流⑬浪子⑭莫教贫。

【注释】

①饶:宽容;宽恕。　②痴汉:愚蠢之人;笨蛋。　③是亲不是亲:是自己的亲戚却不是与自己相亲的人。指虽有亲戚关系却并不亲近。亲:亲人;亲戚。　④美不美:无论甜美还是不甜美。　⑤亲不亲:无论亲近还是不亲近。亲:亲近;亲

密。　⑥莺花：一说指黄莺和鲜花；一说指莺啼花开，泛指春天的景色。莺：鸟，身体小，多为褐(hè)色或暗绿色，嘴短而尖。种类很多。　⑦犹：还；尚且。　⑧春光：春天的景致。　⑨老：历时久。　⑩枉：白白地。　⑪红粉佳人：指美女。　⑫休：不要；别。　⑬风流：洒脱放逸；有才学而不拘礼法。　⑭浪子：游荡玩乐、不务正业的年轻人。

【译文】

　　知道宽恕别人的就不是愚蠢的人，因为愚蠢的人不会宽恕别人。虽然是亲戚却不是与自己相亲的人，不是亲戚却是与自己相亲的人。不管是不是甜美，家乡的水都是最好喝的；不管是不是亲近，故乡的人都是最亲近的。黄莺和鲜花尚且怕春光逝去，怎能让人虚度春光呢。朋友相遇却不喝酒而回去，连洞口的桃花都会笑话你。不要让美丽的女子变老，不要让风流潇(xiāo)洒的年轻人变成穷人。

　　在家不会迎宾客，出外方①知少主人②。黄金无假，阿魏③无真。客来主不顾，应恐④是痴人⑤。贫居闹市无人识，富在深山有远亲⑥。

【注释】

①方：才。　②主人：接待宾客的人。　③阿魏：多年生多汁草本植物，开黄色小花，切断根和根状茎，即有乳状汁流出，此汁干后称阿魏，可入药。主产于伊朗、阿富汗和印度。　④应恐：恐怕；大概。　⑤痴人：愚蠢的人。　⑥远亲：血缘关系疏远的亲戚，也指住处相隔很远的亲戚。

【译文】

在家里的时候不知道如何迎接宾客,外出的时候才知道没有人愿意接待你。黄金没有假的,阿魏却很少有真的。客人前来时主人不去接待,这样的人恐怕是个傻瓜。贫穷时即使居住在闹市中也没有人认识你,富贵时即使居住在深山中也会有远亲前来拜访。

谁人①背后无人说,哪个人前不说人。有钱道真语②,无钱语不真;不信但③看筵(yán)④中酒,杯杯先劝⑤有钱人。

【注释】

①谁人:哪一个人;什么人。　②真语:真实的话。
③但:只。　④筵:宴席,请客的酒席。　⑤劝:祝愿。

【译文】

哪一个人不被人在背后议论,又有谁不在他人面前议论别人。有钱的人说的话总被认为是真的,没有钱的人说的话总被认为是假的;你要是不相信,只要去看酒席上敬酒的情形,每一杯酒都是先祝福有钱的人。

闹里①有钱,静处安身②。来如风雨,去似微尘③。长江后浪推前浪,世上新人赶④旧人。近水楼台先得月⑤,向阳花木早逢春。

【注释】

①闹里:喧哗热闹的地方。　②安身:指在某地居住和生活。　③微尘:极细小的尘埃。　④赶:追赶;追逐。　⑤得月:指看到水中的月亮。

【译文】

喧哗热闹的地方有赚钱的机会,静谧(mì)安宁的地方适合居住和生活。来的时候像狂风暴雨一般猛烈,去的时候像细小的尘埃一般无形。长江的后浪推涌着前浪,世上的新人赶逐着旧人。在靠近水的楼台上可以先看到水中的月亮,面朝太阳的花木可以更早地感受到春天的到来。

　　古人不见今时月,今月曾经照古人。先到为君①,后到为臣②。莫③道君④行早,更有早行人。莫信直中直⑤,须防仁不仁⑥。

【注释】

①君:君主,古代国家的最高统治者。　②臣:君主时代的官吏,有时也包括普通民众。　③莫:不要。　④君:对他人的尊称。　⑤直中直:指表面上十分正直。　⑥仁不仁:指表面仁义而实际却不仁义。

【译文】

古人看不见今天的月亮,今天的月亮却曾经照射过古人。先到的做君主,后到的向人称臣。不要说你走得早,还有比你走得更早的人。不要相信那些表面上十分正直的人,要防止那些假仁假义的人。

山中有直树,世上无直人①。自恨②枝无叶,莫③怨太阳偏④。大家都是命⑤,半点不由⑥人。

【注释】
①直人:正直的人。　②恨:遗憾。　③莫:不要。
④偏:不公正;偏袒(tǎn)。　⑤命:命运,迷信的人指人一生注定的生死、贫富和一切遭遇。　⑥由:听凭;听任。

【译文】
山中有长得笔直的树,世上没有绝对正直的人。树枝上不长叶子应该怪自己,不要去抱怨太阳不够公正。大家都受命运的支配,半点都由不得自己。

一年之计①在于春,一日之计在于寅②,一家之计在于和③,一身之计在于勤。责④人之心责己,恕⑤己之心恕人。守口如瓶⑥,防意如城⑦。

【注释】
①计:考虑;打算。　②寅:指凌晨三点至五点钟。
③和:融洽;谐调。　④责:要求;期望。　⑤恕:宽容;原谅。　⑥守口如瓶:闭嘴不说,就像塞紧了瓶口的瓶子一样。形容说话谨慎或严守秘密。　⑦防意如城:防止私欲萌生,就像守城防敌一样。

【译文】
一年的打算在春天就要定好,一天的打算在寅时就要定好,一个家庭的关键在于和睦,一个人要发展关键在于勤奋。用要求别人的心理来要求自己,用宽容自己的心理去宽容别人。闭嘴不说,就像塞紧了瓶口的瓶子一样;防止私欲萌生,就像守城防敌一样。

宁可人负①我,切莫②我负人。再三须重事③,第一莫欺心④。虎生⑤犹⑥可近⑦,人熟不堪⑧亲⑨。来说是非⑩者,便是是非人。

【注释】
①负:背弃;辜负。　②切莫:千万不要。　③重事:重大的事。　④欺心:自己欺骗自己。　⑤生:不熟悉的;不认识的。　⑥犹:还;尚且。　⑦近:接近。　⑧堪:能;可以。　⑨亲:亲近;接近。　⑩是非:因说话而引起的误会或纠纷。

【译文】
宁可别人辜负我,千万不要我辜负别人。遇到重大的事情要反复考虑,最重要的是不要自我欺骗。陌生的老虎还可以接近,太熟悉的人就不要亲近。前来说是非的人,便是制造是非的人。

远水难救近火,远亲①不如近邻。有茶有酒多兄弟,急难②何曾③见一人。人情④似纸张张薄,世事如棋局局新。山中也有千年树,世上难逢百岁人。

【注释】
①远亲:住处相隔很远的亲戚。　②急难:危难;危急的事。

③何曾：用反问的语气表示未曾、没有。　　④人情：人的感情。

【译文】

很难用远处的水来救灭近处发生的大火，住得很远的亲戚不如近处的邻居。有茶有酒的时候身边兄弟朋友很多，等你碰到危难之事的时候却一个人都找不到。人的感情就像一张张的纸一样十分单薄，世上的事情就像棋局一样每一局都是新的。山中也有生长千年的古树，世上很难碰见活到百岁的老人。

力微休①负重②，言轻③莫④劝人。无钱休入众⑤，遭难⑥莫寻亲。平生⑦莫作皱眉事⑧，世上应无切齿⑨人。士⑩者国之宝，儒⑪为席上珍⑫。

【注释】

①休：不要。　　②负重：身背重物。负：用背载物。　　③言轻：说出的话没有分量。　　④莫：不要。　　⑤入众：指与众人在一起。　　⑥遭难：遭遇灾难或困难。　　⑦平生：一生；终身。　　⑧皱眉事：使人忧虑或不高兴的事情。　　⑨切齿：咬紧牙齿，形容非常愤恨。　　⑩士：指读书人。　　⑪儒：儒生，遵从儒家学说的读书人。　　⑫席上珍：座席上的珍宝。

【译文】

力气小就不要去背负重物，说出的话没有分量就不要去规劝别人。没有钱就不要与众人在一起，遭遇灾难时不要去向亲戚求助。一生不做使人忧虑或不高兴的事情，世上应该不会有痛恨你的人。读书人是国家的宝贵财富，儒生是座席上的珍宝。

若要断酒法①,醒眼②看醉人。求人须求大丈夫③,济④人须济急时无⑤。渴时一滴⑥如甘露⑦,醉后添杯⑧不如无。久住令人贱⑨,频来亲也疏。

【注释】

①断酒法:戒酒的方法。 ②醒眼:清醒的眼光。 ③大丈夫:有志气、节操和作为的男子。 ④济:救助。 ⑤急时无:指急需的时候缺乏的。 ⑥一滴:指一滴水。 ⑦甘露:甜美的露水。 ⑧添杯:往酒杯中添酒。 ⑨贱:嫌恶(wù);憎恶。

【译文】

如果想找到戒酒的方法,就用清醒的眼光去看喝醉的人。求人要去求大丈夫,救助人的时候要去救助急需救助的人。口渴的时候喝一滴水也会甜美无比,喝醉以后再往杯中添酒就不如不添。在别人家里住得太久会令人嫌弃,来的次数太多再亲近的关系也会疏远。

酒中不语①真君子②,财上分明③大丈夫④。出家⑤如初,成佛⑥有余。积金千两,不如明解⑦经书⑧。养子不教如养驴,养女不教如养猪。

【注释】

①酒中不语:指喝酒时不胡言乱语。 ②君子:人格高尚的人。 ③分明:光明磊落。 ④大丈夫:有志气、节操和作为的男子。 ⑤出家:离开家庭到庙宇里去做僧尼或道

士。　⑥佛：佛教徒称修行圆满的人。　⑦明解：熟悉；明了。　⑧经书：指《周易》《诗经》《论语》等儒家经传。

【译文】

　　喝酒时不胡言乱语的人是真正的君子，在钱财上光明磊落的人才是大丈夫。出家人一直保持刚出家时的虔（qián）诚心态，就肯定能够成佛。积蓄千两黄金，还不如弄通儒家的经传。养儿子不教育就如同养驴一样，养女儿不教育就如同养猪一样。

　　有田不耕仓廪（lǐn）①虚，有书不读子孙愚。仓廪虚兮②岁月③乏④，子孙愚兮礼义⑤疏⑥。同君⑦一夜话，胜读十年书。人不通⑧古今，马牛而襟裾（jīnjū）⑨。

【注释】

①仓廪：贮（zhù）藏米谷的仓库。　②兮：相当于"啊"。　③岁月：年月。泛指时间。　④乏：缺少。　⑤礼义：礼法道义。　⑥疏：冷淡；漠视。　⑦君：对他人的尊称。　⑧通：懂得；了解。　⑨马牛而襟裾：马牛穿着人的衣服。原指人不学无术，不懂礼义廉耻。后比喻人徒有外表而行为卑劣，毫无人性。襟裾：衣的前襟或后襟，也借指衣裳。

【译文】

　　有田不去耕种，粮仓就会空虚；有书不去阅读，子孙就会愚昧。粮仓空虚，过日子就缺乏保障；子孙愚昧，就会不重视礼法道义。与君谈一个晚上的话，比读十年书的收获还要大。作为人而不知道古今历史，就像马牛穿着人的衣服一样。

茫茫①四海②人无数,哪个男儿是丈夫③。白酒酿(niàng)成缘④好客,黄金散尽⑤为收⑥书。救人一命,胜造七级浮屠⑦。城门失火,殃及⑧池⑨鱼。

【注释】
①茫茫:形容没有边际,看不清楚。　②四海:指全国各处,也指全世界各处。　③丈夫:这里指大丈夫,指有所作为的人。　④缘:因为。　⑤散尽:指花光。　⑥收:收购。　⑦浮屠:佛塔。　⑧殃及:连累。　⑨池:指护城河。

【译文】
茫茫四海中有数不清的人,又有哪个男子称得上是真正的大丈夫。因为喜欢与客人相聚,所以酿好了白酒;花光手中的黄金,是为了收购书籍。救人一条性命,胜过建造七层高的佛塔。城门着了火,连护城河里的鱼也跟着遭殃。

庭前①生瑞草②,好事不如无。欲求生③富贵,须下死工夫④。百年成之不足⑤,一旦⑥坏之有余⑦。人心似铁,官法⑧如炉。善化⑨不足,恶化⑩有余。

【注释】
①庭前:堂前地;院子。　②瑞草:古代以为吉祥的草,如灵芝之类。　③生:活的。　④死工夫:苦功夫。　⑤成之不足:不能把事情办好。不足:不充足;不够。　⑥一旦:一天之间。指很短的时间。　⑦坏之有余:指足能把事情办

坏。　⑧官法：国家的法规、法律。　⑨善化：指善的影响。　⑩恶化：指恶的影响。

【译文】

院子里长出了吉祥的草，这样的好事不如没有。想要在活着时获得富贵，必须拼命付出努力。花费百年的功夫都不能办好的事情，想把它毁坏却极为容易。人的心像铁一样，国家的法律则像能熔化铁的炉子一样。善的影响如果不够，就极易受到恶的影响。

　　水太清则无鱼，人太急则无智。知者①减半，省（shěng）②者全无。在家③由④父，出嫁从夫。痴人⑤畏妇，贤女敬夫。

【注释】

①知者：聪明的人。知：通"智"。　②省：通"眚（shěng）"，指过失、灾害。有的本子作"愚"。　③在家：指女子未婚。　④由：听凭；听从。　⑤痴人：愚笨的人。

【译文】

过于清澈（chè）的水中不会有鱼，人过于着急就会缺乏智慧。聪明的人减少一半的明察和急躁，就不会有灾祸。女子未嫁时要听从父亲，出嫁后要听从丈夫。愚笨的人惧怕妻子，贤惠的女子尊敬丈夫。

　　是非①终日②有，不听自然无。宁可正③而不足④，不可邪⑤而有余。宁可信其有，不可信其无。

【注释】

①是非：因说话而引起的误会或纠纷。　②终日：从早到晚。　③正：正当，人品端正。　④不足：不充足；不够。　⑤邪：不正当。

【译文】

生活中的误会或纠纷整天都会有，不去听它自然就跟没有一样。宁可为人端正而生活不富足，不可为人奸邪而财富充足。宁可相信有那么回事，不要相信它没有。

竹篱（lí）①茅舍②风光好，道院③僧房总不如。命④里有时终须有，命里无时莫⑤强求。道院迎仙客⑥，书堂⑦隐⑧相儒⑨。庭⑩栽栖凤竹⑪，池养化龙鱼⑫。

【注释】

①篱：篱笆（bā），环绕在房屋、场地等周围起遮拦作用的东西。　②茅舍：茅屋，屋顶用茅草、稻草等盖的房子，大多简陋矮小。　③道院：道观，道教的庙。　④命：命运，迷信的人指人一生注定的生死、贫富和一切遭遇。　⑤莫：不要。　⑥仙客：对隐者或道士的敬称。　⑦书堂：书房。　⑧隐：隐居。　⑨相儒：指将来能当宰相的儒生。　⑩庭：正房前的院子。　⑪栖凤竹：供凤凰栖息的竹子。　⑫化龙鱼：能变化成龙的鱼。

【译文】

用竹子制成的篱笆，用茅草盖成的房子，组成了优美的风景，连道教的庙宇和僧人居住的寺院都比不上它。命中该有的东西终究会有,命中没有的东西不要去强求。道教的庙宇迎接追求成仙的客人,书房里隐居着将来能当宰相的儒生。房前的院子里种着供凤凰栖息的竹子,池塘里养着能变化成龙的鱼。

结交须胜己,似我不如无。但①看三五日,相见不如初。人情②似水分高下,世事如云任③卷舒④。会说说都市,不会说屋里。

【注释】
①但:仅;只。　②人情:人的感情。　③任:任凭;听凭。
④卷舒:卷起与展开。

【译文】
要与比自己强的人交朋友,跟我水平差不多的朋友还不如没有。只要观察三五天,便会发现对方不如初次相见的时候。人的感情就像水一样有高有下,世上的事情就像云一样随意卷起或展开。会说话的人就说都市里的事情,不会说话的人就说家里的事情。

磨刀恨①不利,刀利伤人指。求财恨不多,财多害自己。知足②常足,终身③不辱④。知止⑤常止,终身不耻⑥。

【注释】
①恨:遗憾。　②知足:满足于已经得到的。　③终身:一生;一辈子。　④辱:使蒙受耻辱。　⑤知止:懂得适可而止。　⑥耻:指令人感到羞耻的事。

【译文】

磨刀时唯恐磨得不够锋利,却不知道刀太锋利会割伤手指。追求钱财时唯恐钱财不够多,却不知道钱财多了会给自己带来伤害。满足于已经得到的,就会常常处于满足的状态,一辈子都不会蒙受耻辱。知道适可而止,并常常处于停止的状态,一辈子都不会有令人感到羞耻之事。

有福伤财①,无福伤己。差之毫厘,失之千里②。若③登高必自④卑⑤,若涉⑥远必自迩(ěr)⑦。三思⑧而行,再思⑨可矣。

【注释】

①伤财:损失钱财。　②差之毫厘,失之千里:开始相差得很小,结果会造成很大的错误。强调不能有一点儿差错。毫厘:一毫一厘,形容极少的数量。　③若:如果。　④自:从。　⑤卑:位置低。　⑥涉:行走;跋(bá)涉。　⑦迩:近。　⑧三思:反复考虑。　⑨再思:思考两次。

【译文】

有福气的人碰上灾祸时只损失钱财,没有福气的人碰上灾祸时则会伤及自身。开始时相差很小,结果会造成很大的错误。要登上高处必须从低的地方开始,要去远方必须从近的地方出发。虽然做事情要反复考虑后再采取行动,但实际上思考两次也就可以了。

使口①不如自走,求人不如求己。小时是兄弟,长大各乡里②。妒③财莫④妒食,怨生莫怨死。

【注释】

①使口：用口；动嘴。使：用。　②各乡里：指各自居住在不同的地方。乡里：乡民聚居的基层单位。　③妒：因别人比自己好而忌恨。　④莫：不要。

【译文】

用嘴说话不如亲自走一趟，请求别人帮忙不如自己去做。小的时候彼此是兄弟，长大后各自居住在不同的地方。可以忌妒别人的财物多，不要忌妒别人吃得好；可以怨恨活着的人，不要怨恨已经死去的人。

人见白头①嗔（chēn）②，我见白头喜。多少少年亡③，不到白头死。墙有缝，壁有耳④。好事不出门⑤，恶事⑥传千里。

【注释】

①白头：指白头发的老人。　②嗔：怒；生气。　③亡：死。　④壁有耳：指隔壁有伸着耳朵偷听的人。　⑤不出门：指不会传到门外。　⑥恶事：坏事。

【译文】

别人看见白头发的老人会生气，我看见白头发的老人则感到高兴。有多少人在年少时就死去了，都没有机会等到头发变白。墙上会有缝隙，隔壁会有伸着耳朵偷听的人。好事很难传到门外，坏事却能传到千里之外。

贼是小人①，智过君子②。君子固穷③，小人穷斯④滥⑤

矣。贫穷自在⑥,富贵多忧。不以我为德⑦,反以我为仇。宁向直中取⑧,不可曲中求⑨。

【注释】
①小人:人格卑鄙的人。　②君子:人格高尚的人。
③固穷:信守道义,安于贫贱穷困。固:安守;坚守。　④斯:于是;就。　⑤滥:没有操守,胡作非为。　⑥自在:自由;没有拘束。　⑦德:恩惠;恩德。　⑧直中取:指通过正当的手段获得。直:公正;正直。　⑨曲中求:指通过不正派的做法求取。曲:邪僻(pì);不正派。

【译文】
贼是人格卑鄙的人,但是他们的智慧有时却超过君子。君子在面临困窘(jiǒng)时仍会坚守原则,小人在面临困窘时就会胡作非为了。贫穷的人活得自由自在,富贵的人则多忧愁。不把我看作对你有恩的人,反而把我当作仇人。宁可通过正当的手段获得,不可采取不正派的做法去求取。

人无远虑①,必有近忧②。知我者谓我心忧,不知我者谓我何求③。晴干④不肯去,直待雨淋头。成事⑤莫⑥说,覆水难收⑦。

【注释】
①远虑:长远的考虑。　②近忧:近在眼前的忧愁。
③何求:寻求什么。　④干:指天气干爽。　⑤成事:已成定局之事。　⑥莫:不要。　⑦覆水难收:泼出去的水

难以再收回来,比喻事情已成定局,难以挽回。

【译文】

一个人如果没有长远的考虑,必然会有近在眼前的忧愁。了解我的人说我内心充满忧愁,不了解我的人说我在寻求什么呢。晴朗干爽的时候不愿前往,一直等到大雨淋头的时候才去。已成定局的事就不要再去说它,泼出去的水难以再收回来。

是非①只为②多开口③,烦恼皆因强出头④。忍得一时⑤之气,免得百日之忧。近来学得乌龟法,得缩头时且缩头。惧法朝(zhāo)朝⑥乐,欺公⑦日日忧。

【注释】

①是非:因说话而引起的误会或纠纷。　②为:因为;由于。③开口:指说话。　④强出头:遇到可以不管的事而硬要去管。　⑤一时:暂时;一会儿。　⑥朝朝:天天。　⑦欺公:指侵害公共利益。

【译文】

招来是非只因为话说得太多,心中烦恼都是因为多管闲事。忍住一时的气愤,可以免除长达百天的忧愁。最近学会乌龟的生存之法,该缩头的时候就缩头。畏惧法律制裁的人天天都很快乐,侵害公共利益的人每天都生活在忧愁之中。

人生①一世②,草生一春③。白发不随老人去,看来又是白头翁④。月过十五⑤光明少,人到中年万事休⑥。儿孙自有儿孙福,莫为儿孙作马牛。

【注释】

①生:活。　　②一世:一辈子。　　③一春:一个春季。
④白头翁:白发老人。　　⑤十五:指农历每月的十五。
⑥休:停止;罢休。

【译文】

人活一辈子,草活一个春季。白头发不会随着老人的去世而消失,黑头发的人很快也变成了白发老人。月亮过了农历每月十五光明就会减少,人到了中年在事业上就很难有大的进展。儿孙自然有他们自己的福气,不要为儿孙当牛做马。

人生不满百,常怀千岁忧。今朝(zhāo)有酒今朝醉,明日愁来明日忧①。路逢险处难回避,事到头来②不自由。药能医假病,酒不解③真愁。

【注释】

①忧:忧虑;担心。　　②到头来:最后;结果。　　③解:消除;去掉。

【译文】

人的一辈子不到一百年,却常常怀着一千年的忧患。今天有酒喝就喝个一醉方休,明天的忧愁就到明天再去应付吧。路上碰到危险的地方难以回避,事情到最后总是身不由己。药能够把假病治好,酒却不能把真正的忧愁消除。

人贫不语,水平①不流。一家养女百家求②,一马不行百马忧。有花方③酌(zhuó)酒④,无月不登楼。三杯通⑤大道⑥,一醉解⑦千愁⑧。

【注释】
①水平:指水处于同一平面。　②求:追求。　③方:才。
④酌酒:饮酒。酌:斟(zhēn);饮。　⑤通:懂得;通晓。
⑥大道:高深的道理。　⑦解:消除;去掉。　⑧千愁:众多的忧愁。

【译文】
人贫穷时不爱说话,处于同一平面的水不会流动。一个家庭中有女儿,就会有一百个家庭来追求;一匹马无法行走,一百匹马都会感到担忧。有鲜花可以观赏时才饮酒,天上没有月亮就不去登楼欣赏。三杯酒喝下去,就能通晓高深的道理;喝醉了酒,才能消除众多的忧愁。

深山毕竟藏猛虎,大海终须纳①细流。惜花须检点②,爱月不梳头。大抵③选他肌骨④好,不傅⑤红粉⑥也风流⑦。

【注释】
①纳:接受。　②检点:注意约束自己。　③大抵:大概。
④肌骨:肌肉与骨骼(gé)。　⑤傅:涂抹;搽(chá)。
⑥红粉:妇女化妆用的胭(yān)脂和铅粉。　⑦风流:指风韵美好动人。

【译文】

深山中总会藏有猛虎,大海终究要容纳细小的水流。爱惜鲜花需要约束自己的行为,喜欢月亮可以不必梳头。大概是因为她肌肉和骨骼长得好,即使不搽脂粉也美好动人。

受恩深①处宜②先退,得意③浓④时便可休⑤。莫⑥待是非⑦来入耳,从前恩爱反为仇。留得五湖⑧明月在,不愁无处下金钩⑨。休⑩别有鱼处,莫恋浅滩头。去时终须去,再三留不住。

【注释】

①深:感情厚。 ②宜:应该。 ③得意:得志,实现其志愿。 ④浓:指程度深。 ⑤休:停止;罢休。 ⑥莫:不要。 ⑦是非:因说话而引起的误会或纠纷。 ⑧五湖:太湖及附近的四个湖。春秋末范蠡(lí)隐于五湖,后用来指隐居之地。 ⑨金钩:金属钓钩。 ⑩休:不要;别。

【译文】

受到的恩情深厚时应及早退让,志得意满时就要及时罢休。不要等到口舌是非传到耳朵里,把以前的恩爱变成了仇恨。只要五湖上的明月还在,就不愁没有地方下钩钓鱼。不要离开有鱼的地方,不要留恋水浅的滩头。该离开的时候终究会离开,无论怎样挽留都没有用。

忍一句,息①一怒,饶②一着(zhāo)③,退一步。三十不豪④,四十不富,五十相将⑤寻死路⑥。生不认魂⑦,死不认尸。父母恩深⑧终有别⑨,夫妻义⑩重也分离。人生⑪似鸟同林宿,大限⑫来时各自飞。

【注释】

①息:止;停息。　②饶:宽容;宽恕。　③一着:本指下棋落一子,也比喻行事的一个步骤。　④豪:豪放;豪迈。　⑤相将:行将;将要。有的本子作"将相",有的本子作"将近""临近"等。　⑥寻死路:找寻死亡的路径,指面临死亡。　⑦魂:迷信的人指可以离开人体独立存在的精神。　⑧深:感情厚。　⑨别:分离;分开。　⑩义:情谊,人与人相互关爱、帮助的感情。　⑪人生:人的生存和生活。　⑫大限:寿数;死期。一说这里指大的灾难。

【译文】

忍住少说一句,平息一次怒气,宽恕别人一次,往后退一步。30岁时缺乏豪情壮志,40岁时没有富裕起来,50岁时就要面临死亡了。人活着时不认识自己的灵魂,死了以后不认识自己的尸体。父母对自己的恩情再深厚,终究有离别的一天;夫妻之间的情谊再重,最终也会分离。人生就像鸟儿栖息在同一座树林里,等到死期来临时就各自飞走了。

　　人善被人欺,马善被人骑。人无横财①不富,马无夜草②不肥。人恶人怕天不怕,人善人欺天不欺。善恶到头终有报③,只争④来早与来迟。黄河尚⑤有澄清⑥日,岂可⑦人无得运⑧时。

【注释】

①横财:意外的、非分的钱财。　②夜草:指夜间吃草。　③报:报应,佛教指种善因得善果、种恶因得恶果。　④争:相差。　⑤尚:还。　⑥澄清:清澈(chè);清亮。　⑦岂可:表示反诘(jié),相当于"怎么可以"。　⑧得运:走运;运气好。

【译文】

人善良会被别人欺负,马善良会被人骑。人没有横财不会变富,马不在夜间吃草不会变肥。邪恶的人有人怕他但是天不会怕他,善良的人有人欺负他但是天不会欺负他。行善还是作恶最终都会有报应,不同的只是时间上来得早些与晚些。连黄河都有变清澈的日子,人怎么可以没有走运的时候。

得宠①思辱②,居安虑危③。念念④有如⑤临敌日,心心⑥常似过桥⑦时。英雄行险道,富贵似花枝⑧。人情⑨莫⑩道春光⑪好,只怕秋来有冷时。送君⑫千里,终须一别。但将⑬冷眼⑭看螃蟹(pángxiè),看你横行到几时。

【注释】

①宠:宠爱;偏爱。　②辱:羞耻;名誉上受到的损害。　③居安虑危:处在安定的环境而想到可能会出现的危难。　④念念:每一个心念。　⑤有如:犹如;好像。　⑥心心:指连绵不断的思绪。　⑦桥:这里指有危险的桥,如独木桥。　⑧花枝:开有花的枝条,比喻好看但不长久。　⑨人情:人的感情。　⑩莫:不要。　⑪春光:春天的景

色。　⑫君：对人的尊称。　⑬但将：只用。但：只。将：用。　⑭冷眼：冷漠或轻蔑（miè）的眼光。

【译文】

受到宠爱的时候要想到有可能会遭受耻辱,处在安定的环境时要想到可能会出现的危难。每一个心念都好像正面对着敌人,心中经常保持过独木桥一样的状态。英雄常常在危险的道路上行走,富贵就像枝条上的花一样好看但不长久。人的感情并不是总像春天的景色一样美好,也有像秋天到来一样冰冷的时候。把你一直送到千里之外,但终究还是要分别。只用轻蔑的眼光去看螃蟹,看你能横着爬行到什么时候。

见事莫①说,问事不知,闲事②莫管,无事早归。假饶③染就④真红色,也被旁人说是非⑤。善事可作,恶事莫为。许⑥人一物,千金不移⑦。

【注释】

①莫：不要。　②闲事：与自己没有关系的事。　③假饶：即使。　④就：完成。　⑤是非：因说话而引起的误会或纠纷。　⑥许：答应。　⑦移：改变。

【译文】

见到事情不要发表议论,别人问你什么事就说不知道,与自己无关的事情不要去管,没有什么事情就尽早回家。即使织物上染的是真的红色,也会被别人议论真假。善事可以去做,恶事千万不要去做。答应给别人一件东西,即使有人用千金来换也不要变卦（guà）。

龙生龙子,虎生豹儿①。龙游浅水遭虾戏,虎落平阳②被犬欺。一举③首登龙虎榜④,十年身到凤凰池⑤。十年窗下⑥无人问,一举成名天下知。

【注释】

①虎生豹儿:指老虎生下的孩子像豹子。因老虎和豹子长得很像,故有此说。豹:有的本子作"虎"。　②平阳:地势平坦的地方。　③一举:一下子。　④首登龙虎榜:指名字位列龙虎榜的首位。龙虎榜:指会试时中选。　⑤凤凰池:禁苑中的池沼(zhǎo)。魏晋南北朝时设中书省于禁苑,掌管机要,因接近皇帝,故也称中书省为"凤凰池"。　⑥窗下:指在书房的窗户下刻苦读书。有的本子作"寒窗"。

【译文】

龙生出龙子,虎生出的孩子像豹。龙游到浅水滩会被虾戏弄,虎在地势平坦的地方会遭狗欺负。一次考试就名列龙虎榜的首位,经过十年努力就进入了皇宫禁苑。在窗下刻苦攻读十年而没有人理睬你,一下子成名后就整个天下都知道你。

酒债寻常①行处②有,人生③七十古来稀。养儿防老,积谷④防饥。鸡豚(tún)⑤狗彘(zhì)⑥之畜,无失其时⑦,数口之家,可以无饥矣。常将⑧有⑨日思无日,莫⑩把无时当有时。

【注释】

①寻常:平常。　②行处:处处;随处。　③人生:人的一

生。　　④积谷:储备粮食。　　⑤豚:小猪。　　⑥彘:猪。
⑦失其时:指错过繁殖的时机。　　⑧将:把。　　⑨有:指
有财物。　　⑩莫:不要。

【译文】

欠人酒钱是很平常之事,到处都有;人活到70岁,那是自古以来就很稀少的事情。养育儿女是防备衰老时无人照料,储积粮食是为了防备饥荒。鸡狗猪等家畜,不要错过它们繁殖的时机,这样几口人的家庭就可以吃饱了。常常在有财物的时候想到没有财物的时候,不要把没有财物的日子当成有财物的日子。

时①来风送滕王阁②,运③去雷轰荐福碑④。入门休⑤问荣枯⑥事,观看容颜便得知。官清⑦司吏⑧瘦,神灵⑨庙祝⑩肥。

【注释】

①时:时运,一时的运气。　　②风送滕王阁:指风把你送到滕王阁。滕王阁:在今江西南昌市赣(gàn)江滨。唐永徽四年(公元653年),唐高祖之子滕王元婴任洪州都督时建,以封号为名。　　③运:运气;命运。　　④荐福碑:元代马致远所作《半夜雷轰荐福碑》中的碑,在荐福寺内,上面刻有唐代书法。
⑤休:不要;别。　　⑥荣枯:草木茂盛与枯萎(wěi),比喻人世的盛衰、穷达。　　⑦清:清白。　　⑧司吏:负责办理文书的小吏。　　⑨灵:灵验;预言能够应验。　　⑩庙祝:庙宇中管香火的人。

【译文】

运气到来时风会把你送到滕王阁,运气退去时雷会把荐福碑击毁。进了门用不着问对方境况如何,只要看他的脸色就可以知道。官员清廉,他手下办理文书的小吏就消瘦;神仙灵验,看管香火的人就长得肥胖。

息却①雷霆(tíng)②之怒,罢③却虎狼④之威。饶⑤人算⑥之本,输⑦人算之机⑧。好言难得,恶语⑨易施⑩。一言既出,驷(sì)马难追⑪。

【注释】

①息却:停止;停息。却:助词,用在动词后面,表示动作完成。 ②雷霆:暴雷;霹雳(pīlì)。比喻威力或怒气。 ③罢:解除;免去。 ④虎狼:比喻凶残或勇猛。 ⑤饶:宽恕;宽容。 ⑥算:智慧。 ⑦输:逊让。 ⑧机:事物的关键;枢纽。 ⑨恶语:恶毒的话。 ⑩施:施加。 ⑪一言既出,驷马难追:一句话说出了口,就是四匹马拉的车也追不回来。形容话说出之后,无法再收回。驷马:同拉一辆车的四匹马。

【译文】

平息雷霆般的怒气,去掉虎狼那样的威风。宽恕别人是智慧的根本,对人逊让是智慧的关键。好话不容易听到,恶毒的话却很容易说出口。一句话说出了口,就是四匹马拉的车也追不回来。

道吾好者是吾贼①,道吾恶②者是吾师。路逢险处须当避,不是才人③莫④献诗。三人同行,必有我师⑤焉:择其善者而从⑥之,其不善者而改之。少壮⑦不努力,老大⑧徒⑨伤悲。人有善愿,天必佑(yòu)⑩之。

【注释】

①贼:祸害。　②恶:不好。　③才人:有才华的人。　④莫:不要。　⑤师:一说指师法、学习;一说指老师。　⑥从:跟从;跟随。　⑦少壮:年轻力壮。有的本子作"少小",少小是年幼的意思。　⑧老大:年纪大。　⑨徒:白白地。　⑩佑:帮助;保护。

【译文】

说我好的人是害我的人,说我不好的人是我的老师。在路上碰到危险的地方一定要避开,不是有才华的人就不要向他献诗。三个人同行,其中一定有值得我学习的人:选择其中好的方面去学习,对其中不好的方面则对照自己加以改正。年轻力壮的时候不奋发努力,年纪大的时候就会空自悲伤。一个人有善良的愿望,上天一定会帮助他去实现。

莫①吃卯(mǎo)时②酒,昏昏醉到酉(yǒu)③。莫骂酉时妻④,一夜受孤凄⑤。种麻⑥得麻,种豆得豆。天网⑦恢恢⑧,疏⑨而不漏。

【注释】

①莫:不要。　②卯时:早晨五点到七点。　③酉:下午

五点到七点。 ④莫骂酉时妻:指不要在酉时责骂妻子。 ⑤孤凄:孤单凄凉。 ⑥麻:指麻的种子。麻是黄麻、大麻、亚麻等麻类植物的统称。 ⑦天网:上天布下的罗网。也特指国家的法律。 ⑧恢恢:形容非常广大。 ⑨疏:稀疏,事物的部分之间空隙大。

【译文】

不要在早晨喝酒,那会让你昏昏沉沉一直醉到傍晚。不要在傍晚时责骂妻子,那会让你整个晚上都感到孤单凄凉。种下麻的种子就会长出麻来,种下豆的种子就会长出豆来。上天布下的网非常广大,虽然稀疏却不会有遗漏。

见官莫①向前,做客莫在后。宁添一斗②,莫添一口③。螳螂(tángláng)④捕蝉⑤,岂⑥知黄雀在后。不求金玉重重⑦贵,但愿儿孙个个贤⑧。一日夫妻,百世⑨姻缘⑩。百世修⑪来同船渡,千世修来共枕眠⑫。

【注释】

①莫:不要。 ②一斗:指一斗粮食。 ③口:人口;人。 ④螳螂:昆虫,绿色或土黄色,有两对长翅,前腿镰刀状。捕食害虫。 ⑤蝉:昆虫,种类很多,雄的腹部有发音器,可以持续不断地发声。俗称知了。 ⑥岂:哪里;怎么。 ⑦重重:一层又一层,形容很多。 ⑧贤:有品德或才能。 ⑨世:三十年。也指人的一代、一辈子。 ⑩姻缘:婚姻的缘分。 ⑪修:修行;修炼。 ⑫眠:睡觉。

【译文】

见到官员时不要向前凑,做客时不要躲在后面。宁可增添一斗粮食,不要增添一口人。螳螂准备捕捉知了,哪里知道黄雀正在它的身后要吃它。不追求有很多贵重的金银珠玉,只希望子孙个个都很贤能。做一天夫妻,就结下了百世的缘分。修炼一百世才有同乘一条船的机会,修炼一千世才有同床共枕的机会。

杀人一万,自损三千。伤人一语,利如刀割。枯木逢春犹①再发②,人无两度③再少年。未晚先投宿④,鸡鸣早看天。

【注释】

①犹:还;尚且。 ②发:生长。 ③两度:两次。
④投宿:找地方住宿。

【译文】

杀死敌人一万,自己损失三千。伤害人的一句话,就像用锋利的刀砍人一样。枯萎(wěi)的树木遇到春天还能重新生长,人却没有两次年少的时候。天还没有黑就要先找地方住宿,公鸡鸣叫时要及早起来看看天气。

将相①顶头②堪③走马④,公侯⑤肚里好撑船⑥。富人思来年⑦,贫人⑧思眼前。世人若要人情⑨好,赊(shē)⑩去物件莫⑪取钱。死生有命⑫,富贵在天。

【注释】

①将相:将军和宰相。 ②顶头:顶端,即头顶。 ③堪:能。 ④走马:骑马奔跑。 ⑤公侯:公爵和侯爵,是古代五等爵中的第一和第二位。也泛指官高位显的人。 ⑥撑船:用篙(gāo)使船行进。 ⑦来年:明年。 ⑧贫人:穷人;贫民。 ⑨人情:人的感情。 ⑩赊:买卖货物时买方延期交款,卖方延期收款。 ⑪莫:不要。 ⑫命:命运,迷信的人指人一生注定的生死、贫富和一切遭遇。

【译文】

将相的头顶可以骑马奔跑,公侯的肚子里能够划船。富人想的是明年的事,穷人只考虑眼前的事。世上的人如果要与别人有好的交情,除非在别人赊欠东西时不向对方要钱。一个人的死和生由命运安排,富和贵受上天掌握。

击石原有火①,不击乃②无烟。人学始知道③,不学亦徒然④。莫⑤笑他人老,终须还⑥到老。但⑦能依⑧本分⑨,终须无烦恼。

【注释】

①有火:指能产生火花。 ②乃:就。 ③道:道理;规律。 ④徒然:枉然,得不到任何收获。 ⑤莫:不要。 ⑥还:又。 ⑦但:只要。 ⑧依:按照。 ⑨本分:安于所处的地位和环境。

【译文】

击打石头自然会产生火花,不去击打便不会有烟冒出。人通过学习才懂得道理,不去学习就不会有任何收获。不要嘲笑他人年纪老,你自己终究也会变老。只要能安于所处的地位和环境,就不会有什么烦恼。

君子①爱财,取之有道②;贞妇③爱色④,纳⑤之以礼⑥。善有善报⑦,恶有恶报;不是不报,日子未到。

【注释】
①君子:人格高尚的人。　②有道:指符合道义。　③贞妇:旧时称从一而终、丈夫死后不再嫁人的妇女。　④色:女子的美貌。　⑤纳:娶。　⑥礼:我国古代制定的行为准则及道德规范。　⑦报:回应;报应。

【译文】
君子喜欢钱财,但是通过正当的手段获得;贞节的女子也喜欢漂亮,要用符合礼义的方式去娶她。积德行善的人会有好的报偿,为非作歹的人会有坏的报应;不是没有报应,而是报应的日子还没有到。

人而①无信②,不知其可③也。一人道好,千人传实④。凡事要好,须问三老⑤。若争小可⑥,便失大道⑦。

【注释】
①而:如果。　②信:诚实;不虚假。　③可:可以。　④千人传实:指经过上千人的传播就成为真实的。　⑤三

老:指三个德高望重的老前辈。也泛指有声望的老人。
⑥小可:指很细小、寻常的事情。　⑦失大道:失去准则;违背道义。

【译文】

一个人如果不守信用,不知道怎么可以。一个人说好,经过上千人的传播就变成了真的。如果想把事情办好,必须先问一问三个有声望的老人。如果计较细枝末节,就会违背根本原则。

年年防饥^①,夜夜防盗。好^②学者如禾^③如稻,不学者如蒿(hāo)^④如草。遇饮酒时须饮酒,得^⑤高歌^⑥处且^⑦高歌。因^⑧风吹火,用力不多。

【注释】

①饥:饥荒,因粮食歉收等引起的食物严重缺乏的状况。
②好:喜欢。　③禾:谷类作物的幼苗,特指水稻的植株。
④蒿:蒿子,一种草本植物,叶子羽状分裂,有特殊气味。
⑤得:适合。　⑥高歌:放声歌唱。　⑦且:即;就。
⑧因:顺;凭借。

【译文】

每一年都要防止饥荒,每天晚上都要防备盗贼。爱好学习的人就像有价值的禾苗和稻谷,不爱学习的人就像没有价值的蒿子和杂草。遇到喝酒的机会就喝酒,适合放声歌唱时就放声歌唱。顺着风去吹火,不需要用太多的力气。

不因渔父①引②,怎得见波涛。无求到处人情③好,不饮从④他酒价高。知事少时烦恼少,识人多处是非⑤多。入山不怕伤人虎,只怕人情两面刀⑥。

【注释】

①渔父:老渔翁。　②引:带领;引导。　③人情:人的感情。　④从:听凭;任凭。　⑤是非:因说话而引起的误会或纠纷。　⑥两面刀:即两面三刀,比喻当面一套背后一套,玩弄欺骗手法。

【译文】

没有老渔翁的引导,怎么能看见江湖上的波涛。不求人的时候,与别人的感情都很好;不喝酒的时候,任凭它酒价涨到多高。知道的事情少的时候烦恼就少,认识的人多的地方纠纷就多。不怕进山时会碰到伤害人的老虎,只怕那些两面三刀的人。

强中更有强中手①,恶人须②用恶人磨③。会使④不在⑤家豪富⑥,风流⑦不用着(zhuó)衣⑧多。光阴⑨似箭,日月如梭(suō)⑩。天时⑪不如地利⑫,地利不如人和⑬。

【注释】

①手:指居于某种地位的人。　②须:需要。　③磨:折磨。　④会使:指善于使用金钱、物品等。　⑤在:决定于;取决于。　⑥豪富:指有钱有势。　⑦风流:风雅潇(xiāo)洒。　⑧着衣:穿衣。　⑨光阴:时间。　⑩日月如梭:太阳和月亮像穿梭似的来去,形容时间过得很快。

梭:织布机上用来牵引纬线的工具,形状像枣核。　⑪天时:适合做某事的自然气候条件。　⑫地利:地理优势。　⑬人和:指人心归向,上下团结。

【译文】

本领高强的人中有本领更高强的人,恶人需要用别的恶人来折磨。善于使用财物的人不一定非要家里有钱有势,风雅潇洒的人用不着穿很多的衣服。时间像箭一样飞逝而去,日月像穿梭似的来去。气候条件好不如拥有地理优势,拥有地理优势不如人心团结。

黄金未为①贵,安乐②值钱多。世上万般③皆下品④,思量⑤唯有⑥读书高。世间好语书说尽,天下名山⑦僧⑧占多。为善最乐,为恶难逃。

【注释】

①未为:还不是。　②安乐:安康快乐。　③万般:各种各样。　④下品:下等。泛指质量或等级最低的。　⑤思量:考虑。　⑥唯有:只有。　⑦名山:著名的大山。　⑧僧:和尚;出家修行的男性佛教徒。

【译文】

黄金并不是最贵重的,安康快乐更为值钱。世界上各种各样的行业都属于下等,想来想去只有读书才是最高等的。人世间的好话都写在书上了,天下著名的大山大多被僧人占有了。做善事是最快乐的,做恶事则难逃惩罚。

羊有跪乳之恩①，鸦有反哺之义②。你急他未急，人闲③心不闲。隐恶扬善④，执⑤其两端⑥。妻贤⑦夫祸少，子孝⑧父心宽⑨。

【注释】
①羊有跪乳之恩：指羊羔（gāo）跪着吃奶以报答母羊的恩情。　②鸦有反哺之义：指雏（chú）乌长大后有衔食喂母的情谊。哺：喂食。义：情谊，相互关爱、帮助的感情。　③闲：有空；没有事情做。　④隐恶扬善：隐瞒他人的短处，宣扬他人的好处。　⑤执：掌管。　⑥两端：指事物的两头、两极。　⑦贤：有品德或才能。　⑧孝：孝顺，尽心奉养父母并顺从父母。　⑨心宽：宽心；放心。

【译文】
羊羔跪着吃奶以报答母羊的恩情，雏乌长大后有衔食喂母的情谊。你着急时他不着急，人虽然闲着不做事，心里却在想着事情。隐瞒他人的短处，宣扬他人的好处，把握好正确和错误这两个方面。妻子贤惠，丈夫的灾祸就少；儿子孝顺，父亲就放心。

既①堕②釜（fǔ）③甑（zèng）④，反顾⑤无益。已覆⑥之水，收之实难。人生知足⑦何时足，人老偷闲⑧且⑨是闲。处处绿杨堪⑩系马，家家有路通长安⑪。

【注释】
①既：已经。　②堕：落；掉。　③釜：古代的一种炊事用具，相当于现在的锅。　④甑：古代蒸食物用的瓦制炊具。

⑤反顾:回头看。　　⑥覆:倾倒。　　⑦知足:满足于已经得到的。足:满足;满意。　　⑧偷闲:挤出空闲的时间。⑨且:姑且;暂且。　　⑩堪:可以;能。　　⑪长安:中国古都之一,在今陕西西安市附近。后通常称国都为长安。

【译文】

已经落地摔破的釜甑,再回头去看它已经没有什么用处。已经泼出去的水,很难再把它收回来。人生要知足,可是什么时候能真正知足呢?人老了以后,姑且挤出点时间自我清闲吧。到处都有绿色的杨树可用来拴马,每一家都有通往长安的道路。

见者易,学者难。莫①将②容易得,便作等闲③看。用心计较④般般⑤错,退步⑥思量⑦事事难。道路各别⑧,养家⑨一般⑩。

【注释】

①莫:不要。　②将:把。　③等闲:平常。　④计较:打算比较。　⑤般般:种种;样样;件件。　⑥退步:向后走;后退。　⑦思量:考虑。　⑧各别:各不一样。⑨养家:赡(shàn)养家中之人。　　⑩一般:一样;同样。

【译文】

看上去容易,学起来却很难。不要因为容易得到,便把它看得很平常。花心思去斤斤计较就会每件事都处理不好,退后一步考虑便会发现其实所有事情都很难。方法各有不同,但是养家糊口的目的是相同的。

从俭①入②奢③易,从奢入俭难。知音④说与知音听,不是知音莫⑤与谈。点石化为金⑥,人心犹⑦未足。信⑧了肚,卖了屋。他人睍(xiàn)睍⑨不涉⑩你目,他人碌(lù)碌⑪不涉你足。

【注释】

①俭:节省;不浪费。　②入:到;至。　③奢:奢侈,挥霍财物,过分追求享受。　④知音:指真正了解自己的人。　⑤莫:不要。　⑥点石化为金:神话故事中说仙人用手指头一点石头就可以变成金子,比喻把不好的或平凡的事物改变成很好的事物。　⑦犹:还;尚且。　⑧信:听任。　⑨睍睍:怯懦(nuò)、不敢正视的样子。有的本子作"观花"。　⑩涉:涉及;关联。　⑪碌碌:繁忙劳苦的样子。

【译文】

从节俭变成奢侈很容易,从奢侈变成节俭就很难。知心的话要说给真正了解自己的人听,不是真正了解自己的人就不要跟他说。即使能把石头点化成为金子,人心仍然不会知足。满足了肚子的欲望,结果卖掉了房子。别人在那里偷偷地看,不会影响你看东西;别人在那里忙忙碌碌,不会影响你走路。

谁人不爱①子孙贤②,谁人不爱千钟粟③,奈④五行⑤不是这般⑥题目⑦。莫⑧把真心空计较⑨,儿孙自有儿孙福。与人不和,劝人养鹅;与人不睦⑩,劝人架屋⑪。但⑫行⑬好事,莫问前程⑭。

【注释】

①爱:喜欢;爱好。　②贤:有品德或才能。　③千钟粟:指优厚的俸禄(fēnglù)。钟:古代容量单位,一钟合八斛(hú)、十斛等。　④奈:无奈;怎奈。　⑤五行:指命运。我国古代星相家运用金、木、水、火、土五种基本元素间的相生相克来推算人一生的命运,故称。　⑥这般:这样。⑦题目:命相,旧时指生辰八字、生肖等。　⑧莫:不要。⑨计较:打算。　⑩睦:关系和好;亲近。　⑪架屋:造房子。架:构筑。　⑫但:只。　⑬行:做;办。　⑭前程:前途。

【译文】

谁不喜欢自己的子孙贤能,谁不喜欢优厚的俸禄,无奈命运中没有这些东西。不要把自己的一片真心空自打算,儿孙自然有他们自己的福分。与他人有矛盾的人,就劝他去养鹅;与他人不和睦的人,就劝他去造房子。只管一心去做好事,不要考虑前途如何。

河狭水急①,人急②计③生。明知山有虎,莫④向虎山行。路不行不到,事不为⑤不成。人不劝⑥不善,钟不打不鸣⑦。

【注释】

①急:快速而且猛烈。有的本子作"激"。　②急:紧迫重要的事情。　③计:策略;主意。　④莫:不要。有的本子作"偏"。　⑤为:做。　⑥劝:鼓励;勉励。　⑦鸣:发出声音。

【译文】

　　河道狭窄水流就湍(tuān)急,人在紧急情况面前就会想出好主意。明明知道山中有老虎,就不要再去山中行走。路不去走就不会到某个目的地,事情不去做就不可能成功。人不去鼓励他就不会善良,钟不去敲它就不会发出声音。

　　无钱方①断酒②,临老始③看经④。点塔七层⑤,不如暗处一灯。万事劝人休⑥瞒昧⑦,举头三尺有神明⑧。但⑨存方寸⑩地,留与子孙耕。灭却⑪心头火,剔(tī)⑫起佛前灯。惺(xīng)惺⑬常不足⑭,蒙蒙⑮作公卿⑯。众星朗朗⑰,不如孤月独明。兄弟相害,不如友生⑱。

【注释】

①方:才。　②断酒:戒酒。　③始:才。　④经:经典,传统的具有权威性的著作。　⑤点塔七层:指把七层高的塔都点上灯。　⑥休:不要。　⑦瞒昧:隐瞒欺骗。　⑧神明:天地间一切神灵的总称。　⑨但:只要。　⑩方寸:一寸见方。比喻不大、很小。　⑪灭却:熄掉;消除。　⑫剔:挑出;挑亮。　⑬惺惺:聪明机灵。　⑭不足:指不如意、不得志。一说指不多;一说指不满足。　⑮蒙蒙:蒙昧;昏昧。　⑯公卿:泛指高官。　⑰朗朗:形容明亮。　⑱友生:朋友。

【译文】

　　没有了钱才戒酒,到年纪老了才开始读经典。把七层高的塔都点上灯,还不如给黑暗的地方点上一盏灯。奉劝人在所有事情上都不要隐瞒欺骗,因为抬起头来三尺高的地方就有神灵。只求保存一片小小的土地,能留给子孙耕种。熄灭心头的火气,挑亮佛像前的油灯。聪明机灵的人常常不得志,昏庸无能的人却能当高官。天上众多的星星光芒闪烁,比不上一个月亮发出的光明亮。兄弟之间如果互相伤害,那还不如朋友关系。

合理可作,小利莫①争。牡丹花好空入目②,枣花虽小结实③成。欺④老莫欺少,欺人心不明。随分⑤耕锄收地利⑥,他⑦时饱暖谢苍天⑧。

【注释】

①莫:不要。　②空入目:指只能供人观赏。　③实:果实。　④欺:欺负;侮辱。　⑤随分:依据本性。这里指根据农时的变化。　⑥地利:对农业生产有利的土地条件。　⑦他:其他的;另外的。　⑧苍天:天。古代认为苍天是主宰人生的神。

【译文】

符合道理的事情可以去做,蝇头小利不要去争。牡丹花虽然美丽,但只能供人观赏;枣花虽然很小,却能结成果实。宁可欺负老人也不要欺负年少的人,欺负别人的人是糊涂人。根据农时的变化耕种土地以收获农产品,等到你吃饱穿暖的时候要感谢苍天。

得①忍且②忍,得耐③且耐;不忍不耐,小事成大。相论④逞⑤英雄,家计⑥渐渐退⑦。贤⑧妇⑨令⑩夫贵,恶妇令夫败。

【注释】

①得:能够。　②且:就。　③耐:承受得住。　④相论:互相谈论。　⑤逞:显示。　⑥家计:家产;家财。　⑦退:减退或消失。　⑧贤:有品德或才能。　⑨妇:妻子。　⑩令:使;让。

【译文】

能忍让时就忍让,该承受时就承受;不忍让也不愿承受,小事情就会演变成大事情。在一起谈论时逞强好胜,显示自己是个英雄,家产就会越来越少。贤惠的妻子能使丈夫显贵,恶劣的妻子会使丈夫倒霉。

一人有庆①,兆民②咸③赖④。人老心未老,人穷⑤志不穷⑥。人无千日好,花无百日红。杀人可恕⑦,情理⑧难容⑨。

【注释】

①庆:善;善事。　②兆民:古代天子之民,后泛指众民、百姓。　③咸:都。　④赖:得益;受益。　⑤穷:贫困。　⑥穷:尽;完。　⑦恕:宽容;原谅。　⑧情理:人的常情和事情的一般道理。　⑨容:容忍;原谅。

【译文】

一个人做了好事,所有民众都会从中得到好处。人虽然老了,但是心态还没有老;人虽然贫困,但是志向没有丧失。人不可能连续一千天都很顺利,花不可能连续一百天都很红艳。杀人之罪有时候可以饶恕,违背情理的事情则难以容忍。

乍①富不知新受用②，骤③贫难改旧家风④。座中客常满，杯中酒不空。屋漏更⑤遭连夜⑥雨，行船又遇打头风⑦。笋因落箨(tuò)⑧方⑨成竹，鱼为奔波始化龙⑩。记得少年骑竹马⑪，看看又是白头翁⑫。

【注释】

①乍：突然；忽然。　②受用：享受；享用。　③骤：突然。
④家风：家庭或家族的传统风尚或作风。　⑤更：再；又。
⑥连夜：连接几夜。　⑦打头风：逆风；迎面刮来的风。
⑧箨：竹笋外面的皮。　⑨方：才。　⑩鱼为奔波始化龙：指鱼因为通过长距离游动跃过龙门才成为龙。为：因为。
⑪竹马：儿童游戏时当马骑的竹竿。　⑫白头翁：白发老人。

【译文】

突然富起来的人不知道如何享受新的生活，一下子变穷的人难以改变旧时的生活方式。座位中常常坐满客人，酒杯中的酒没有断过。屋顶漏的时候又遭遇几天几夜连续不断的雨，行驶的船又遇到迎面刮来的大风。竹笋因为外面的皮脱落才变成竹子，鱼因为通过长距离游动跃过龙门才变化成龙。还记得少年时骑着竹马玩耍，转眼间却变成了白发老人。

礼义①生②于富足③，盗贼出于贫穷。天上众星皆拱北④，世间无水⑤不朝东。君子⑥安贫⑦，达人⑧知命⑨。

【注释】

①礼义：同"礼仪"，指礼节和仪式。　②生：产生。

③富足:财物丰富充足。 ④拱北:指环绕着北极星。拱:环绕;环抱。北:指北极星。 ⑤水:指河流。 ⑥君子:指人格高尚的人。 ⑦安贫:安于贫穷的境遇。 ⑧达人:通达事理、乐观豁(huò)达的人。 ⑨知命:懂得事物的生灭变化都由天命决定的道理。

【译文】

因为财物丰富充足,从而产生了礼义;由于贫穷,所以有了盗贼。天上的所有星星都环绕着北极星,世间的所有河流都向东奔流。君子安于贫穷的境遇,豁达的人知道一切均由命运决定。

良药苦口利于病,忠言逆耳①利于行。顺天②者存,逆③天者亡。人为财死,鸟为食亡。夫妻相合好④,琴瑟(sè)⑤与笙簧(shēnghuáng)⑥。

【注释】

①忠言逆耳:正直的劝告听起来不顺耳。 ②天:迷信的人指宇宙中万物的主宰者。也指自然界。 ③逆:抵触;不顺从。 ④合好:和好。 ⑤琴瑟:琴和瑟,两种弹奏的乐器,比喻夫妻感情和谐。 ⑥笙簧:指笙,管乐器,由若干根装在一个锅形座子上的竹管组成,其中一根为吹气管,其他的竹管里装有簧片,用口吹奏。簧:乐器中的发声薄片。

【译文】

好药吃起来很苦,但有利于治病;正直的劝告听起来不顺耳,但有利于处世行事。顺从天意的就生存,违背天意的就灭亡。人为谋取财物而死,鸟为谋取食物而亡。夫妻关系和睦,就像琴瑟和笙发出和谐的声音一样。

有儿贫不久,无子富不长。善必寿考①,恶必早亡②。爽口③食多偏作病④,快心⑤事过⑥恐生殃⑦。富贵定要安⑧本分⑨,贫穷不必枉⑩思量⑪。

【注释】

①寿考:年高;长寿。 ②亡:死。 ③爽口:清爽可口。 ④作病:生病。 ⑤快心:使感到满足或畅快。 ⑥过:过分;过多。 ⑦殃:灾祸;祸害。 ⑧安:感到满足、满意。 ⑨本分:安于自己所处的身份和地位。 ⑩枉:徒然;白费。 ⑪思量:考虑。

【译文】

有儿子的人,即使贫穷,时间也不会很久;没有儿子的人,即使富裕,时间也不会很长。善良的人一定长寿,邪恶的人一定早死。清爽可口的食物吃多了反而会生病,令人高兴的事过多恐怕会产生灾祸。富贵的人一定要安于本分,贫穷的人也不要枉费心机。

画水无风空作①浪,绣花虽好不闻香。贪他一斗米,失却②半年粮;争他一脚豚(tún)③,反失一肘羊④。

【注释】

①作:兴起;产生。 ②失却:失掉。 ③一脚豚:一个猪蹄。豚:猪。 ④一肘羊:一个羊肘子,即用作食物的羊腿上部。

【译文】

画中的水没有风而掀起假的波浪;绣出来的花虽然好看,却闻不到香味。贪图他人的一斗米,却失掉了半年的粮食;为了争夺一个猪蹄,反而失去了一个羊肘子。

龙归晚洞云犹①湿,麝(shè)②过春山③草木香。平生④只会量⑤人短,何不回头把自量。见善如不及⑥,见恶如探汤⑦。人贫志短⑧,马瘦毛长。

【注释】

①犹:还;尚且。　②麝:哺乳动物,外形像鹿而较小,无角,前腿短,后腿长,善于跳跃。雄的脐下有腺囊(xiànnáng),能分泌麝香。也叫香獐(zhāng)子。　③春山:春天的山。④平生:平素;平时。　⑤量:品评;评论。　⑥不及:赶不上。　⑦探汤:把手伸入滚烫的水中。　⑧短:缺少。

【译文】

龙在晚上回到洞里时云还是湿的,麝走过春天的山地时连草木都是香的。平时只会议论别人的缺点,为什么不回头看看自身有什么缺点。看到善行,就像怕自己赶不上似的去追求;看到不善的行为,就像把手伸入滚烫的水中试探温度一样赶快避开。人在贫穷时会缺少志气,马消瘦时毛就会显得很长。

自家心里急,他人未知忙。贫无义士①将金赠,病有高人②说药方。触③来莫④与竞⑤,事过心清凉⑥。秋至满山多秀色⁷,春来无处不花香。凡人⁸不可貌相⁹,海水不可斗量。

【注释】
①义士:旧指出钱赞助、布施的人。　②高人:才识超人的人。　③触:触犯;冒犯。　④莫:不要。　⑤竟:争论。　⑥清凉:清静,不烦扰。　⑦秀色:秀美的景色。　⑧凡人:人世间的人。　⑨貌相:根据外貌来判断人。

【译文】
自己心里十分着急,别人并不知道你有多么着忙。贫穷的时候不会有慷慨的人把钱财送给你,生病的时候则有高明的人向你推荐药方。别人冒犯你的时候不要与他发生争执,等事情过去后心里自然会很平静。秋天到来时满山都是秀美的景色,春天到来时到处飘洒着鲜花的香气。人不能凭借外貌来判断他的才能,海水不能用斗来衡量它的多少。

清清之水为土所防①,济济②之士③为酒所伤。蒿(hāo)草④之下,或⑤有兰香⑥;茅茨(cí)之屋⑦,或有侯王⑧。无限朱门⑨生饿殍(piǎo)⑩,几多⑪白屋⑫出公卿⑬。

【注释】
①防:堵塞。　②济济:形容人多。　③士:对人的美称。　④蒿草:草名。有青蒿、白蒿等数种。　⑤或:也许。　⑥兰香:即泽兰,多年生草本植物,叶卵形,边缘有锯齿,秋末开白色花,有香气,可供观赏。也叫兰草。　⑦茅茨之屋:

即茅屋,用茅草盖的房屋。 ⑧侯王:泛指诸侯,古代帝王统辖(xiá)下的列国君主的统称。 ⑨朱门:红漆的大门,旧时借指豪富人家。 ⑩饿莩:饿死的人。 ⑪几多:多少。 ⑫白屋:不加涂饰、露出木材的房屋,为古代平民所居。 ⑬公卿:泛指高官。

【译文】

清澈(chè)的水流被泥土堵住,众多的士人被酒伤害。蒿草的下面,也许会有兰草;茅屋里面,也许住着侯王。无数出身豪富的人最后成了饿死鬼,多少普通百姓家中出了高官。

醉后乾坤①大,壶中日月②长。万事皆已定,浮生③空自④忙。千里送毫毛⑤,礼轻情义⑥重。一人传虚,百人传实。世事明如镜,前程⑦暗似漆。良田万顷⑧,日食一升;大厦千间,夜眠⑨八尺。千经万典,孝义⑩为先。

【注释】

①乾坤:天地。 ②壶中日月:指道家的生活或神仙世界里的日子。 ③浮生:人生。因为人生在世,漂浮不定,故称。 ④空自:徒然;白白地。 ⑤毫毛:细毛,比喻极小或极少之物。 ⑥情义:人与人之间应有的感情。有的本子作"仁义",仁义指仁爱和正义,在意思上不通顺。 ⑦前程:前途。 ⑧顷:地积单位,100亩等于1顷,1市顷约合66667平方米。 ⑨眠:睡觉。 ⑩孝义:行孝重义。

【译文】

人喝醉后会发现天地很大,神仙世界里的日子很漫长。万事都在命中早已注定,人生不过是徒劳地忙碌(lù)一场。从千里之外送来一根细毛,礼物虽轻但情义很重。一个人传说虚假的事情,经上百人相传后就被认为是真实的。对世上的事情看得十分透彻,自己的前途却像漆一样黑暗。拥有万顷良田,每天也就吃一升的粮食;拥有上千间大厦,夜里睡觉时所占的地方不过八尺。在千万种经典中,摆在第一位的,就是行孝重义。

一字入公门①,九牛拖不出。衙(yá)门②八字开,有理无钱莫③进来。富从升合(gě)④起,贫因不算来。家中无才子⑤,官从何处来。

【注释】

①公门:官府;官署。　②衙门:旧时官吏办事的地方。
③莫:不要。　④升合:一升一合,比喻数量极少。也借指少数米粮。合:市制容量单位,10勺等于1合,10合等于1升。
⑤才子:指有才华的人。

【译文】

一张状纸送进衙门,即使用九头牛也拉不回来。官府的大门呈八字状打开,有理但没有钱的人不要进来打官司。富裕是靠一升一合积累起来的,贫穷是因为没有计划造成的。家中没有才子,怎么可能有人做官。

万事不由人计较①,一身都是命②安排。急行慢行,前程③只有许多④路。人间私语⑤,天⑥闻若雷;暗室⑦亏心⑧,

神目⑨如电。一毫⑩之恶,劝人莫⑪作;一毫之善,与人方便。亏⑫人是祸,饶⑬人是福;天眼⑭恢恢⑮,报应⑯甚速。圣贤⑰言语,神钦⑱鬼伏。

【注释】

①计较:打算;谋划。　②命:命运,迷信的人指一生注定的生死、贫富和一切遭遇。　③前程:前途。　④许多:若干;多少。　⑤私语:私下谈话;低声说话。　⑥天:迷信的人指宇宙中万物的主宰者。　⑦暗室:幽暗的内室;黑暗无光的房间。特指别人看不见的地方。　⑧亏心:感觉到自己的言行违背良心。　⑨目:看。　⑩一毫:一根毫毛,也比喻极微小的事物。　⑪莫:不要。　⑫亏:亏待,待人不公平或有所欠缺。　⑬饶:宽恕。　⑭天眼:佛教所说五眼之一,又称天趣眼,能透视六道、远近、上下、前后、内外及未来等。　⑮恢恢:形容非常广大。　⑯报应:佛教用语,原指种善因得善果,种恶因得恶果。后来多指种恶因得恶果。　⑰圣贤:圣人和贤人。　⑱钦:敬佩;佩服。

【译文】

所有事情都由不得人来计划打算,一切都是命里安排定的。不管你急走还是慢走,前面都只有这么长的路。人们之间悄悄说话,在天听来就像打雷一样响;在私下里做的亏心事,在神看来就像闪电照耀下一样清楚。极小的恶事,劝人不要去做;极小的善事,也可以给别人提供方便。亏欠别人是灾祸,宽恕别人是福气;天眼广大无比,报应十分迅速。圣贤说的话,连神和鬼都敬服。

人各有心,心各有见①。口说不如身②逢,耳闻不如目见。养军千日,用在一朝(zhāo)③。国清④才子⑤贵,家富小儿骄。利刀割体痕易合,恶语伤人恨不消。公道世间唯白发,贵人头上不曾⑥饶⑦。

【注释】

①见:看法;意见。　②身:自身;自己。　③一朝:一时;短时间。　④清:指政治清明。　⑤才子:有才华的人。　⑥不曾:没有。　⑦饶:宽容;宽恕。

【译文】

每个人都有自己的心,每个人的心都有自己的意见。嘴上说不如亲身去经历,耳朵听到不如亲眼看到。长时间供养和训练军队,是为了在危急的时候使用。国家政治清明,有才能的人就受到尊重;家庭富裕了,小孩子就容易骄横。锋利的刀割破身体,伤口容易愈合;用恶毒的话伤害别人,造成的仇恨却不易消除。世上最公道的只有白头发,在地位显贵之人的头上照样生长。

有钱堪①出众②,无衣懒出门。为官须作相③,及第④早争先。苗从地发,树向枝分。父子和而家不退⑤,兄弟和而家不分。

【注释】

①堪:能;可以。　②出众:超出众人。　③相:宰相,我国古代辅助君主掌管国事的最高官员的通称。　④及第:科

举时代考试中选,特指考取进士,明清时代只用于殿试前三名。　⑤家不退:指家道不会衰落。

【译文】

有钱就能超出众人,没有好的衣服就懒得出门。做官就要做宰相,科举考试中要尽早争取最好的名次。幼苗从地里长出来,树长大后就分出枝条。父子和睦家道就不会衰落,兄弟和睦就不会分家。

官有公法①,民有私约②。闲时③不烧香,急时抱佛脚④。幸生太平无事日,恐逢年老不多时。国乱思良将,家贫思贤妻。

【注释】

①公法:国法。有的本子作"正条"。　②私约:私下订立的契约。　③闲时:没有事情的时候。　④抱佛脚:指事前无准备而临时慌忙应付。

【译文】

官府有国法,民间有私下订立的契约。没有事情的时候不烧香拜佛,到危急时再抱着佛脚恳求。庆幸的是生活在太平无事的时候,担心的是恰逢年老,剩下的日子不多了。国家动乱时希望有良将,家里贫穷时希望有贤惠的妻子。

池塘积水须①防旱,田地深耕足养家。根深不怕风摇动,树正何愁②月影斜。奉劝君子③,各宜④守己⑤,只此呈示⑥,万无一失⑦。

【注释】

①须:可。一说指必须。 ②愁:忧虑;苦恼。 ③君子:对人的尊称。 ④宜:应该。 ⑤守己:即安分守己,指不做超出本分的事。 ⑥呈示:呈现。 ⑦万无一失:绝对不会出差错。

【译文】

池塘里蓄满水可以防止干旱,把田地深耕就足以养活全家。树根扎得很深就不怕大风来摇动,树长得很直就不用担心月下的树影倾斜。奉劝各位君子,大家都应该安分守己,在此把以上的内容呈现出来,只要照此行事,就肯定万无一失。

附录：增广贤文（原文+拼音*）

xī shí xián wén，huì rǔ zhūn zhūn。jí yùn
昔时贤文，诲汝谆谆。集韵
zēng guǎng，duō jiàn duō wén。guān jīn yí jiàn gǔ，wú
增广，多见多闻。观今宜鉴古，无
gǔ bù chéng jīn。
古不成今。

zhī jǐ zhī bǐ，jiāng xīn bǐ xīn。jiǔ féng zhī
知己知彼，将心比心。酒逢知
jǐ yǐn，shī xiàng huì rén yín。xiāng shí mǎn tiān xià，
己饮，诗向会人吟。相识满天下，
zhī xīn néng jǐ rén。xiāng féng hǎo sì chū xiāng shí，dào
知心能几人。相逢好似初相识，到
lǎo zhōng wú yuàn hèn xīn。
老终无怨恨心。

jìn shuǐ zhī yú xìng，jìn shān shí niǎo yīn。yì
近水知鱼性，近山识鸟音。易

*"一"字单用或在一词一句末尾念阴平（"ˉ"），在去声（"ˋ"）字前念阳平（"ˊ"），在阴平、阳平、上声（"ˇ"）字前念去声。本附录为简便起见，文中的"一"字均注阴平。

涨易退山溪水，易反易复小人心。运去金成铁，时来铁似金。读书须用意，一字值千金。逢人且说三分话，未可全抛一片心。有意栽花花不发，无心插柳柳成荫。画虎画皮难画骨，知人知面不知心。钱财如粪土，仁义值千金。

流水下滩非有意，白云出岫本无心。当时若不登高望，谁信东流海样深。路遥知马力，事久见人心。两人一般心，有钱堪买金；一人一般心，无钱堪买针。相见易得好，久住难为人。马行无力皆因瘦,人不风流只为贫。饶人不是痴汉,痴汉不会饶人。是亲不是亲,非亲却是亲。美不美,乡中水;亲不亲,故乡人。莺花犹怕春光老,岂可教人枉度春。相逢不饮空归去,洞口桃花也笑人。红粉佳人休使老,风流浪子莫教贫。在家不会迎宾客,出外方知少主人。黄金无假,阿魏无真。客来主不顾,应恐是痴人。贫居闹市无人识,富在深山有远亲。谁人背后无人说,哪个人前不说人。有钱道真语,无钱语不真;

不信但看筵中酒,杯杯先劝有钱人。闹里有钱,静处安身。来如风雨,去似微尘。长江后浪推前浪,世上新人赶旧人。近水楼台先得月,向阳花木早逢春。古人不见今时月,今月曾经照古人。先到为君,后到为臣。莫道君行早,更有早行人。莫信直中直,须防仁不仁。山中有直树,世上无直人。自恨枝无叶,莫怨太阳偏。大家都是命,半点不由人。一年之计在于春,一日之计在于寅,一家之计在于和,一身之计在于勤。责人之心责己,恕己之心恕人。守口如瓶,防意如城。宁可人负我,切莫我负人。再三须重事,第一莫欺心。虎生犹可近,人熟不堪亲。来说是非者,便是是非人。远水难救近火,远亲不如近邻。有茶有酒多兄弟,急难何曾见一人。人情似纸张张薄,世事如棋局局新。山中也有千年树,世上难逢百岁人。力微休负重,言轻莫劝人。无钱休入众,遭难莫寻亲。平生莫作皱眉事,世上应无切齿人。士者国之宝,儒为席上珍。若要断酒法,醒眼看醉人。求人须求大丈夫,济人须济急时无。渴时一滴如甘露,醉后添杯不如无。久住令人贱,频来亲也疏。酒中不语真君子,财上分明大丈夫。出家如初,成佛有余。积金千两,不如明解经书。养子不教如养驴,养女不教如养猪。有田不耕仓廪虚,有书不读子孙愚。仓廪虚兮岁月乏,子孙愚兮礼义疏。同君一夜话,胜读十年书。人不通古今,马牛而襟裾。

茫茫四海人无数,哪个男儿是丈夫。白酒酿成缘好客,黄金散尽为收书。救人一命,胜造七级浮屠。城门失火,殃及池鱼。庭前生瑞草,好事不如无。欲求生富贵,须下死工夫。百年成之不足,一旦坏之有余。人心似铁,官法如炉。善化不足,恶化有余。水太清则无鱼,人太急则无智。知者减半,省者全无。在家由父,出嫁从夫。痴人畏妇,贤女敬夫。

是非终日有,不听自然无。宁可正而不足,不可邪而有余。宁可信其有，不可信其无。竹篱茅舍风光好，道院僧房总不如。命里有时终须有，命里无时莫强求。道院迎仙客，书堂隐相儒。庭栽栖凤竹，池养化龙鱼。结交须胜己，似我不如无。但看三五日，相见不如初。人情似水分高下，世事如云任卷舒。会说说都市，不会说屋里。磨刀恨不利，刀利伤人指。求财恨不多，财多害自己。知足常足，终身不辱。知止常止，终身不耻。有福伤财，无福伤己。差之毫厘，失之千里。若登高必自卑，若涉远必自迩。三思而行，再思可矣。

使口不如自走，求人不如求己。小时是兄弟，长大各乡里。妒财莫妒食，怨生莫怨死。

人见白头嗔，我见白头喜。多少少年亡，不到白头死。墙有缝，壁有耳。好事不出门，恶事传千里。

贼是小人，智过君子。君子固穷，小人穷斯滥矣。贫穷自在，富贵多忧。不以我为德，反以我为仇。宁向直中取，不可曲中求。

人无远虑，必有近忧。知我者谓我心忧，不知我者谓我何求。晴干不肯去，直待雨淋头。成事莫说，覆水难收。

是非只为多开口，烦恼皆因强出头。忍得一时之气，免得百日之忧。近来学得乌龟法，得缩头时且缩头。惧法朝朝乐，欺公日日忧。

人生一世，草生一春。白发不随老人去，看来又是白头翁。月过十五光明少，人到中年万事休。儿孙自有儿孙福，莫为儿孙作马牛。

人生不满百，常怀千岁忧。今朝有酒今朝醉，明日愁来明日忧。

路逢险处难回避，事到头来不自由。药能医假病，酒不解真愁。人贫不语，水平不流。一家养女百家求，一马不行百马忧。有花方酌酒，无月不登楼。三杯通大道，一醉解千愁。

深山毕竟藏猛虎，大海终须纳细流。惜花须检点，爱月不梳头。大抵选他肌骨好，不傅红粉也风流。

受恩深处宜先退，得意浓时便可休。莫待是非来入耳，从前恩爱反为仇。留得五湖明月在，不愁无处下金钩。休别有鱼处，莫恋浅滩头。去时终须去,再三留不住。忍一句,息一怒,饶一着,退一步。三十不豪,四十不富,五十相将寻死路。生不认魂,死不认尸。父母恩深终有别,夫妻义重也分离。人生似鸟同林宿,大限来时各自飞。

人善被人欺,马善被人骑。人无横财不富,马无夜草不肥。人恶人怕天不怕,人善人欺天不欺。善恶到头终有报,只争来早与来迟。黄河尚有澄清日,岂可人无得运时。

得宠思辱,居安虑危。念念有

如临敌日，心心常似过桥时。英雄行险道，富贵似花枝。人情莫道春光好，只怕秋来有冷时。送君千里，终须一别。但将冷眼看螃蟹，看你横行到几时。

见事莫说，问事不知，闲事莫管，无事早归。假饶染就真红色，也被旁人说是非。善事可作，恶事莫为。许人一物，千金不移。

龙生龙子，虎生豹儿。龙游浅水遭虾戏，虎落平阳被犬欺。一举首登龙虎榜，十年身到凤凰池。十年窗下无人问，一举成名天下知。

酒债寻常行处有，人生七十古

来稀。养儿防老,积谷防饥。鸡豚狗彘之畜,无失其时,数口之家,可以无饥矣。常将有日思无日,莫把无时当有时。

时来风送滕王阁,运去雷轰荐福碑。入门休问荣枯事,观看容颜便得知。官清司吏瘦,神灵庙祝肥。

息却雷霆之怒,罢却虎狼之威。饶人算之本,输人算之机。好言难得,恶语易施。一言既出,驷马难追。

道吾好者是吾贼,道吾恶者是吾师。路逢险处须当避,不是才人莫献诗。三人同行，必有我师焉：择其善者而从之，其不善者而改之。少壮不努力，老大徒伤悲。人有善愿，天必佑之。莫吃卯时酒，昏昏醉到酉。莫骂酉时妻，一夜受孤凄。种麻得麻，种豆得豆。天网恢恢，疏而不漏。见官莫向前，做客莫在后。宁添一斗，莫添一口。螳螂捕蝉，岂知黄雀在后。不求金玉重重贵，但愿儿孙个个贤。一日夫妻，百世姻缘。百世修来同船渡，千世修来共枕眠。

杀人一万，自损三千。伤人一语，利如刀割。枯木逢春犹再发，人无两度再少年。未晚先投宿，鸡鸣早看天。

将相顶头堪走马，公侯肚里好撑船。富人思来年，贫人思眼前。世人若要人情好，赊去物件莫取钱。死生有命，富贵在天。

击石原有火，不击乃无烟。人学始知道，不学亦徒然。莫笑他人老，终须还到老。但能依本分，终须无烦恼。

君子爱财，取之有道；贞妇爱色，纳之以礼。善有善报，恶有恶报；不是不报，日子未到。人而无信，不知其可也。一人道好，千人传实。凡事要好，须问三老。若争小可，便失大道。年年防饥，夜夜防盗。好学者如禾如稻，不学者如蒿如草。遇饮酒时须饮酒，得高歌处且高歌。因风吹火，用力不多。不因渔父引，怎得见波涛。无求到处人情好，不饮从他酒价高。知事少时烦恼少，识人多处是非多。入山不怕伤人虎，只怕人情两面刀。强中更有强中手，恶人须用恶人磨。会使不在家豪富,风流不用着衣多。光阴似箭,日月如梭。

天时不如地利,地利不如人和。

黄金未为贵,安乐值钱多。世上万般皆下品,思量唯有读书高。世间好语书说尽,天下名山僧占多。为善最乐,为恶难逃。

羊有跪乳之恩,鸦有反哺之义。你急他未急,人闲心不闲。隐恶扬善,执其两端。妻贤夫祸少,子孝父心宽。

既堕釜甑,反顾无益。已覆之水,收之实难。人生知足何时足,人老偷闲且是闲。处处绿杨堪系马，家家有路通长安。见者易，学者难。莫将容易得，便作等闲看。用心计较般般错，退步思量事事难。道路各别，养家一般。

从俭入奢易，从奢入俭难。知音说与知音听，不是知音莫与谈。点石化为金，人心犹未足。信了肚，卖了屋。他人觑觑不涉你目，他人碌碌不涉你足。

谁人不爱子孙贤，谁人不爱千钟粟，奈五行不是这般题目。莫把真心空计较，儿孙自有儿孙福。与人不和，劝人养鹅；与人不睦，劝人架屋。但行好事,莫问前程。河狭水急,人急计生。明知山有虎,莫向虎山行。路不行不到,事不为不成。人不劝不善,钟不打不鸣。

无钱方断酒,临老始看经。点塔七层,不如暗处一灯。万事劝人休瞒昧,举头三尺有神明。但存方寸地,留与子孙耕。灭却心头火,剔起佛前灯。惺惺常不足,蒙蒙作公卿。众星朗朗,不如孤月独明。兄弟相害,不如友生。合理可作,小利莫争。牡丹花好空入目,枣花虽小结实成。欺老莫欺少，欺人心不明。随分耕锄收地利，他时饱暖谢苍天。

得忍且忍，得耐且耐；不忍不耐，小事成大。相论逞英雄，家计渐渐退。贤妇令夫贵，恶妇令夫败。

一人有庆，兆民咸赖。人老心未老，人穷志不穷。人无千日好，花无百日红。杀人可恕，情理难容。

乍富不知新受用，骤贫难改旧家风。座中客常满，杯中酒不空。屋漏更遭连夜雨，行船又遇打头风。笋因落箨方成竹，鱼为奔波始化龙。记得少年骑竹马,看看又是白头翁。礼义生于富足,盗贼出于贫穷。天上众星皆拱北,世间无水不朝东。君子安贫,达人知命。良药苦口利于病,忠言逆耳利于行。顺天者存,逆天者亡。人为财死,鸟为食亡。夫妻相合好,琴瑟与笙簧。有儿贫不久,无子富不长。善必寿考,恶必早亡。爽口食多偏作病,快心事过恐生殃。富贵定要安本分,贫穷不必枉思量。画水无风空作浪,绣花虽好不闻香。贪他一斗米，失却半年粮；
争他一脚豚，反失一肘羊。
龙归晚洞云犹湿，麝过春山草
木香。平生只会量人短，何不回头
把自量。见善如不及，见恶如探
汤。人贫志短，马瘦毛长。
自家心里急，他人未知忙。贫
无义士将金赠，病有高人说药方。
触来莫与竞，事过心清凉。秋至满
山多秀色，春来无处不花香。凡人
不可貌相，海水不可斗量。
清清之水为土所防，济济之士
为酒所伤。蒿草之下，或有兰香；
茅茨之屋，或有侯王。无限朱门生

饿殍,几多白屋出公卿。醉后乾坤大,壶中日月长。万事皆已定,浮生空自忙。千里送毫毛,礼轻情义重。一人传虚,百人传实。世事明如镜,前程暗似漆。良田万顷,日食一升;大厦千间,夜眠八尺。千经万典,孝义为先。一字入公门,九牛拖不出。衙门八字开,有理无钱莫进来。富从升合起,贫因不算来。家中无才子,官从何处来。

万事不由人计较,一身都是命安排。急行慢行,前程只有许多路。人间私语,天闻若雷;暗室亏心，神目如电。一毫之恶，劝人莫作；一毫之善，与人方便。亏人是祸，饶人是福；天眼恢恢，报应甚速。圣贤言语，神钦鬼伏。

人各有心，心各有见。口说不如身逢，耳闻不如目见。养军千日，用在一朝。国清才子贵，家富小儿骄。利刀割体痕易合，恶语伤人恨不消。公道世间唯白发，贵人头上不曾饶。

有钱堪出众，无衣懒出门。为官须作相，及第早争先。苗从地发，树向枝分。父子和而家不退，兄弟和而家不分。

官有公法，民有私约。闲时不烧香，急时抱佛脚。幸生太平无事日，恐逢年老不多时。国乱思良将，家贫思贤妻。

池塘积水须防旱，田地深耕足养家。根深不怕风摇动，树正何愁月影斜。奉劝君子，各宜守己，只此呈示，万无一失。

弟子规

前 言

　　《弟子规》原名《训蒙文》,作者李毓(yù)秀,字子潜,号采三,山西绛(jiàng)州(今山西新绛县)人。李毓秀出生于清朝顺治年间,卒于雍正年间,享年83岁(一说60岁)。李毓秀在康熙时中秀才,之后便致力于治学和教育。他精研《大学》《中庸》等儒家经典,并创办敦复斋讲学,前来听课的人很多。正是在讲学的过程中,李毓秀编写了《训蒙文》一书,作为学生的启蒙教材。

　　《训蒙文》面世后,一位名叫贾存仁的先生对它进行了修订,并更名为《弟子规》。不过,关于贾存仁其人其事,我们所知甚少,在各种《弟子规》的相关书籍中,也找不到关于贾存仁生平情况的介绍。然而据《浮山县志》等资料称,贾存仁字木斋,山西浮山县人,出生于雍正年间,卒于乾隆年间,享年61岁。贾存仁工书法,精韵学,著有《等韵精要》《弟子规正字略》等书。只是这种说法目前尚未被学界普遍接受。但是不管怎么说,有一点是可以肯定的,即贾存仁对《训蒙文》作出修订并更名为《弟子规》后,《弟子规》就渐渐成为广泛流传的儿童启蒙读物,其影响甚至可以与《三字经》《百家姓》《千字文》等著名的蒙学经典相媲(pì)美。

　　"弟子规"意即弟子必须遵守的规矩,这里的"弟子",可以指学生,也可以泛指少年人。《弟子规》共1080个字,紧紧围绕《论语》中孔子所说的一段话展开论述。在《论语·学而》中，孔子说："弟子入则孝，出则弟（tì），谨而信，泛爱众，而亲仁。行有余力，则以学文。"意思是：少年人在家里孝敬父母，出门在外时尊敬兄长，言语谨慎，诚实守信，博爱众人，亲近有仁德的人。若还有多余的精力，就去学习文化知识。《弟子规》把孔子的这段话在文字上稍微作了改动后作为"总叙"，然后分"入则孝，出则弟""谨而信""泛爱众而亲仁""行有余力则以学文"四个方面对少年人的言行举止、道德修养、读书学习等进行全方位的规范。

在"入则孝，出则弟"部分，《弟子规》要求少年人孝顺父母，兄弟友爱，尊敬长辈。其中包括怎样与父母对话交流、怎样照顾父母的生活、在父母有过错时如何妥善处理、父母去世后怎样守丧，以及尊长优先、礼让尊长、主动为尊长效劳等处理长幼关系的原则。

在"谨而信"部分，《弟子规》要求少年人谨慎小心，诚实不欺，并对少年人在个人修养和怎样处世行事方面作了具体规定。如要注意个人卫生："晨必盥（guàn），兼漱（shù）口，便溺（niào）回，辄（zhé）净手"；不要饮酒："年方少，勿饮酒，饮酒醉，最为丑"；说话要诚实："凡出言，信为先，诈与妄，奚（xī）可焉！"不要信谣传谣："见未真，勿轻言；知未的，勿轻传"；等等。

在"泛爱众而亲仁"部分，《弟子规》要求少年人博爱众人，亲近有仁德的人。表现在具体行为上，首先要设身处地为他人着想："人不闲，勿事搅；人不安，勿话扰"；其次是在对待财物上，要遵循少取多予的原则："凡取与，贵分晓，与宜多，取宜少"；第三是在与他人发生争执时，要以理服人，而不要仗势欺人："势服人，心不然，理服人，方无言"；第四是要亲近有仁德的人，因为仁德之人能帮你提高道德修养："能亲仁，无限好，德日进，过日少"；等等。

在"行有余力则以学文"部分，《弟子规》介绍了读书学习的方法和一些注意事项。首先指出要把从事道德修养和学习文化知识很好地结合起来,两者不可偏废;其次是要求读书时做到"三到":"读书法,有三到,心眼口,信皆要";第三是要保持书房整洁,笔砚端正:"房室清,墙壁净,几案洁,笔砚正",认为良好的读书环境有利于提高学习效率;第四是要求读圣贤书,要把成为圣贤作为自己追求的目标:"非圣书,屏勿视……圣与贤,可驯致。"

为了使《弟子规》中的内容更好地为学生掌握,作者在写作形式上仿效《三字经》,全文采用三个字一句的格式,两句一韵,句式整齐和谐,读来朗朗上口,如"衣贵洁,不贵华,上循分,下称家"中的"华"和"家"属于同一韵部,两字押韵,因而读起来韵律优美,且方便记忆。

综上所述,我们可以得出这样的结论:《弟子规》是一部导向正确、内容健康且极具实用价值的启蒙读物,只要对其中的内容稍加改造,即可成为当今少年儿童的行为规范和处世准则;在当今规范少年儿童行为的各种读物中,还没有哪种读物在规范的具体、系统及有效性方面能超过《弟子规》。

《弟子规》问世后,在清代后期即已成为广泛流传的儿童启蒙读物,但是,由于缺乏权威部门的统一规范,《弟子规》的版本极多,虽然其中的内容大同小异,但此"小异"仍然为人们选择合适的《弟子规》读本带来了很大的困扰。正是为了弥补这一缺陷,同时也为了使读者能更好地把握《弟子规》的内涵,我们撰作了这本《华夏国学经典全本全注全译丛书·弟子规》。本书主要有以下几个方面的特点:

一、本书的原文以民国时期出版的《绘图弟子规》为底本,同时参阅了清末至民国时期出版的其他数种《弟子规》及当今一些较具代表性的《弟子规》出版物。

二、注释简洁、准确、客观、全面。目前出版的许多古代经典注译本有一个较为明显的通病，就是注译者作注较为随意，这种随意表现在两个方面：一是哪些字词须注，哪些字词不用注，没有统一的标准，造成一些必须加注的疑难字词常常被有意无意地回避了，这必然会给读者阅读古代经典带来很大的困难；二是注释文字较为随意，注译者常常根据自己的理解来作注，而不是依据相关工具书上的解释，这就使注释文字缺乏权威性。本书则做到逢疑难必注，不回避难题，对于迄今仍存在分歧和争议的地方，坚持实事求是的原则，或明确表示存疑，或同时列举几种有代表性的观点，以提示读者此处内容并无确解。同时，注释文字一律采用《汉语大词典》《辞海》《辞源》《古代汉语词典》等权威工具书中的解释，以避免误导读者。

三、在白话翻译部分，尽量采用直译的做法，不作引申和发挥，并力求使译文精致、流畅。

衷心希望广大读者能在赏心悦目的阅读中，轻松把握《弟子规》的内容和精髓。

冯国超
2016年9月于北京

一、总叙

【题解】

本节是整部《弟子规》的总纲、核心思想,《弟子规》中的以下各节,均是依据此"总叙"而展开的。

在"总叙"中,《弟子规》提纲挈(qiè)领地指出,作为一个少年,必须做到以下几点:一要孝顺父母,二要敬爱兄长,三要谨慎诚信,四要博爱众人,五要亲近贤人,六要学习文化。一个人,只有做到了上述这些,才是一个合格的人,一个对社会有用的人;否则,你就是有缺陷的人,就有可能成为社会和家庭的累赘(zhuì)。由此可见,《弟子规》对少年的要求是非常严格的。

弟子①规②,圣人③训④。
首孝⑤弟(tì)⑥,次谨⑦信⑧。
泛爱众,而亲仁⑨。
有余力,则学文⑩。

【注释】

①弟子:少年;学生。　②规:准则;规矩。　③圣人:有

极高品德和智慧的人。这里指孔子。　④训:教导或告诫的话。　⑤孝:孝顺,尽心奉养父母并顺从父母。　⑥弟:同"悌(tì)",指弟弟敬爱哥哥。　⑦谨:小心;慎重。⑧信:诚实;不欺骗。　⑨仁:对人友爱,有同情心。这里指有仁德的人。　⑩文:泛指文化知识。

【译文】

这本《弟子规》,出自圣人孔子的教导。首先要孝顺父母,敬爱兄长,其次要言行谨慎,诚实守信。要博爱众人,亲近有仁德的人。如果还有多余的精力,就去学习文化知识。

二、入则孝，出则弟

【题解】

"入则孝，出则弟(tì)"，指在家里时要孝敬父母，出门在外时要尊敬兄长。

在"入则孝"部分，主要讲述了子女孝敬父母的具体行为准则，包括怎样与父母对话交流，怎样照顾父母的生活，在父母有过错时如何妥善处理，在父母去世后怎样守丧尽孝，等等。

在"出则弟"部分，首先强调了兄弟和睦的重要性，认为它是孝顺父母的重要体现；接着主要讲述了在尊长面前必须遵循的规矩，包括尊长优先、礼让尊长、主动为尊长效劳，等等。

本节的规定十分具体、详细，有许多内容仍适用于现代社会。不过，文中要求子女无条件服从父母，也是存在偏颇的。

父母呼①，应②勿③缓。
父母命，行勿懒。
父母教④，须敬听。
父母责⑤，须顺承⑥。

【注释】

①呼:叫;唤。　　②应:回答;答应。　　③勿:不要。
④教:教导;教诲。　　⑤责:批评;责备。　　⑥顺承:顺从承受。

【译文】

听到父母呼唤,要赶快答应。父母叫你做事情,要积极去做。父母教育你的时候,一定要恭敬聆(líng)听。父母对你的批评责备,一定要顺从接受。

冬则温①,夏则凊(qìng)②。
晨则省(xǐng)③,昏④则定⑤。
出必告,反⑥必面⑦。
居⑧有常⑨,业⑩无变。

【注释】

①冬则温:指冬天要设法使父母温暖。　　②夏则凊:指夏天要使父母感到凉爽。凊:凉。　　③省:探望;问候(父母、尊长)。　　④昏:黄昏,天将黑的时候。　　⑤定:古代指子女夜晚为父母整理床铺,服侍其安寝。　　⑥反:同"返",指回家。　　⑦面:见面,指与父母相见,以使安心。　　⑧居:平素家居。　　⑨常:规律。　　⑩业:职业,个人从事的主要工作。

【译文】

冬天要让父母感到温暖,夏天要使父母感到凉爽。早晨起来要问候父母,晚上要服侍父母安寝。外出一定要告诉父母,回来后要向父母当面禀告。饮食起居要有规律，所从事的工作不要轻易改变。

事虽①小，勿②擅③为④，
苟⑤擅为，子道⑥亏⑦。
物虽小，勿私藏，
苟私藏，亲⑧心伤。

【注释】
①虽：即使。　②勿：不要。　③擅：自作主张。
④为：做。　⑤苟：假如。　⑥子道：做子女的规矩。
⑦亏：欠缺；缺少。　⑧亲：父母。

【译文】
即使是很小的事情，也不要自作主张，假如你自作主张，就违背了做子女的规矩。即使是很小的东西，也不要偷偷藏起来，假如你把它偷偷藏了起来，父母知道后就会感到伤心。

亲①所好②，力为③具④；
亲所恶（wù）⑤，谨⑥为去⑦。
身有伤，贻（yí）⑧亲忧；
德有伤，贻亲羞。

【注释】
①亲：父母。　②好：喜欢。　③为：替。　④具：准

备;办。　⑤恶:讨厌;憎恨。　⑥谨:小心;慎重。
⑦去:除掉。　⑧贻:遗留。

【译文】

父母喜欢的东西,努力替他们办到;父母讨厌的东西,小心地替他们去除。身体有损伤,会使父母担忧;品德上有污点,会使父母蒙羞。

亲①爱我,孝②何难?
亲憎我,孝方③贤④。

【注释】

①亲:父母。　②孝:孝顺,尽心奉养父母并顺从父母。
③方:才。　④贤:有品德或才能的。

【译文】

父母很爱我,我对他们孝顺,这有什么困难呢?父母讨厌我,我仍然对他们孝顺,这才显得品德出众。

亲①有过②,谏(jiàn)③使更④,
怡(yí)⑤吾⑥色⑦,柔⑧吾声。
谏不入,悦复谏,
号泣⑨随,挞(tà)⑩无怨。

【注释】

①亲:父母。　②过:错误;失误。　③谏:对君主、尊长

等的错误进行规劝。　④更:改变。　⑤怡:和悦。
⑥吾:我;我的。　⑦色:脸上的表情、神气。　⑧柔:温和。　⑨号泣:号啕(táo)大哭。　⑩挞:用鞭、棍等打人。

【译文】

父母有过错时,要劝告他们改正,劝告时脸色要和悦,语气要柔和。父母如果不听劝告,就等他们高兴时再劝,若还是不听,就要大声哭着相劝,即使父母因此动手打你也不要有怨言。

亲①有疾,药先尝,
昼夜侍②,不离床。

【注释】

①亲:父母。　②侍:陪伴侍候。

【译文】

父母如果生了病,给他们煎的药要先尝一尝,要不分白天黑夜地在旁边侍候,不离开他们所躺卧的床。

丧三年①,常悲咽(yè)②,
居处变,酒肉绝。
丧尽礼③,祭(jì)④尽诚,
事⑤死者,如事生。

【注释】

①丧三年:指父母死后,子女要守孝三年。丧:哀葬死者的礼

仪。　②悲咽：悲哀哽（gěng）咽。　③礼：我国古代制定的行为准则及道德规范。　④祭：在死者的灵前或墓前举行仪式,表示悼念。　⑤事：侍奉；供奉。

【译文】

在为父母守孝的三年中,要常常悲哀哭泣,居住的地方要改变,不能喝酒吃肉。举办丧事要符合礼仪,祭祀(sì)死者要诚心诚意,供奉去世的父母,要像他们活着时一样。

兄道①友②,弟道恭③,
兄弟睦④,孝⑤在中。
财物轻⑥,怨何⑦生？
言语忍,忿(fèn)⑧自泯⑨。

【注释】

①道：道理；正当的事理。　②友：关系好；互相亲近。　③恭：对人谦逊有礼貌。　④睦：关系和好；亲近。　⑤孝：孝顺,尽心奉养父母并顺从父母。　⑥轻：轻视；认为不重要。　⑦何：哪里。　⑧忿：因不满而情绪激动；发怒。　⑨泯：灭。

【译文】

兄长要对弟弟友爱,弟弟要对兄长恭敬,兄弟之间关系和睦,孝也就体现在其中了。把财物看轻,又怎么会产生怨恨？说话时注意忍让,愤怒的情绪自然就会消除。

或①饮食,或坐走,

长者^②先,幼者后。
长^③呼人,即代叫,
人不在,己先^④到。

【注释】
①或:连词,表示列举。　②长者:年纪大、辈分高的人。
③长:指长辈。　④先:有的本子作"即"。

【译文】
无论是喝东西和吃东西的时候,还是就座和行走的时候,都要让长辈在先,年幼的人则在后面。当长辈呼唤人的时候,要代替长辈去叫,如果要叫的人不在,则自己要先来到长辈面前。

称尊长,勿呼名。
对尊长,勿见(xiàn)能^①。

【注释】
①见能:逞能;炫耀自己的本事。见:同"现",指显露、露出。

【译文】
称呼尊长时,不要直呼其名。在尊长面前,不要炫耀自己的本事。

路遇长^①,疾趋^②揖(yī)^③;
长无言,退恭立。
骑下马,乘下车;
过犹^④待,百步余。

【注释】

①长:指长辈。　　②疾趋:急速行进。　　③揖:拱手行礼。
④犹:还;尚且。

【译文】

在路上遇到长辈,要快速上前行礼;如果长辈不说什么话,就退到一旁恭敬地站立。如果遇见长辈时你正骑着马或坐着车,就要赶紧下马下车;长辈从你身旁走过时你仍要恭敬地等待,一直等到长辈走出一百多步,你才可以离开。

长者①立,幼勿坐;
长者坐,命②乃③坐。

【注释】

①长者:年纪大、辈分高的人。　　②命:上级指示下级。
③乃:才。

【译文】

长辈站着的时候,年幼者不要坐下;只有等长辈先坐下并叫你坐下时,你才能坐。

尊长前,声要低,
低不闻,却非宜①。
进必趋②,退必迟③,
问起对④,视勿移。

【注释】

①宜:合适;适当。　②趋:小步快走;快步走。　③迟:缓慢。　④起对:起身回答。对:回答。

【译文】

在尊长面前说话,声音一定要低,但是低得让人听不见,那也不合适。进见尊长时要快步上前,告退时动作要缓慢,尊长问话时,要起身回答,而且眼睛不要东张西望。

事①诸父②,如事父;
事诸兄③,如事兄。

【注释】

①事:侍奉。　②诸父:伯父、叔父的统称。　③诸兄:堂兄,同祖父的兄长。

【译文】

侍奉伯父、叔父,要像侍奉父亲一样;对待堂兄,要像对待亲哥哥一样。

三、谨而信

【题解】

"谨而信",意即谨慎小心,诚实不欺。本节主要讲述了青少年在个人修养和处世行事时应遵循的规矩,主要包括以下几个方面的内容:

一是在个人生活方面,要注意个人卫生,要及时洗手、漱(shù)口;要保持服装整洁,在饮食上适可而止。

二是要注意自己的行为举止,包括走路要从容、站立要端正、与人交往时要有礼貌,等等。

三是说话要慎重,要信守承诺,不要用花言巧语欺骗别人。

四是要重视道德修养,有错必改,见贤思齐,不断提高自身的道德水平。

本节中所述的内容大多十分正确,即使在今天,人们仍须认真遵行。

朝(zhāo)[①]起早,夜眠[②]迟[③],
老易至,惜此时。

晨必盥(guàn)④,兼漱(shù)口,
便溺(niào)⑤回,辄(zhé)⑥净手⑦。

【注释】
①朝:早晨;清晨。　②眠:睡觉。　③迟:比规定的或适宜的时间晚。　④盥:洗(脸、手)。　⑤便溺:排泄大小便。　⑥辄:总是;就。　⑦净手:洗手。

【译文】
清晨要早起,晚上要迟些睡,人很快就会进入老年,所以要珍惜时间。早晨起来后一定要洗脸洗手,同时还要漱口,大小便后要洗手。

冠①必正,纽②必结③,
袜与履④,俱⑤紧切⑥。
置⑦冠服,有定位⑧,
勿乱顿⑨,致污秽。
衣贵洁,不贵华⑩,
上循分⑪,下称家⑫。

【注释】
①冠:帽子。　②纽:衣物等的扣子。　③结:系;扣上。　④履:鞋。　⑤俱:都。　⑥紧切:紧密贴近。　⑦置:放;搁。　⑧定位:固定的位置。　⑨顿:放置。　⑩华:奢侈;表面上好看。　⑪循分:遵循名分;符合身份。　⑫称家:与家境相称。称:符合;适合。

三、谨而信

【译文】

帽子一定要戴正,衣扣一定要扣好,袜子和鞋,都要穿紧。帽子和衣服要放在固定的地方,不要随便乱放,以免弄脏。衣服贵在整洁,而不在于华丽,上要符合身份,下要与家境相称。

对饮食,勿拣择①,
食适可②,勿过则③。
年方④少,勿饮酒,
饮酒醉,最为丑。

【注释】

①拣择:挑选;选择。　②适可:适合;适宜。　③过则:超过限度;过量。　④方:正;正当。

【译文】

在饮食方面,不要挑挑拣拣,饮食的量要适度,不能过分。年纪小的人,不要喝酒,人喝醉了酒,是最丢丑的事情。

步①从容,立端正,
揖(yī)②深圆③,拜④恭敬。
勿践⑤阈(yù)⑥,勿跛(bì)倚⑦,
勿箕踞(jījù)⑧,勿摇髀(bì)⑨。

【注释】

①步:走路。　②揖:拱手行礼。　③深圆:指作揖的姿

势做得到位。　　④拜:行礼表示崇敬或敬意。　　⑤践:踏;踩。　　⑥阈:门槛(kǎn)。　　⑦跛倚:站立时身体斜靠在别的物体上。　　⑧箕踞:坐时两脚岔开前伸,因形似簸(bò)箕,故称。古人认为这是一种极不礼貌的坐法。⑨髀:大腿。

【译文】

走路时步态要从容,站立时姿势要端正,作揖时动作要到位,行拜礼时态度要恭敬。出入时不要踩踏门槛,站立时不要把身体斜靠在别的物体上,坐时不要岔脚伸腿,不要摇晃大腿。

缓揭帘①,勿有声。
宽转弯②,勿触棱③。
执虚器④,如执盈⑤。
入虚室⑥,如有人。

【注释】

①帘:用布、竹子、苇子等做的用来遮蔽门窗等的东西。
②宽转弯:指走路转弯时把弯转得大些。　　③触棱:碰到物体的棱角。　　④虚器:空的器皿。　　⑤盈:满。　　⑥虚室:里面没有人的房屋。

【译文】

掀帘子时动作要缓慢,尽量不要发出响声。走路转弯时要把弯转得大些,不要碰到家具等器物的棱角。手里拿着空的器皿,就好像里面装满东西一样。进入没有人的房屋,就像里面有人一样。

事①勿忙②,忙多错。
勿畏难,勿轻略③。
斗闹场,绝勿近。
邪僻④事,绝勿问。

【注释】
①事:从事;做事。　②忙:急速地做。　③轻略:轻视,忽略。　④邪僻:荒谬不正。

【译文】
做事情不要匆忙,忙中容易出错。不要害怕困难,也不要轻视困难。打斗闹事的场所,千万不要靠近。荒唐不正的事情,千万不要去打听。

将入门,问孰①存②;
将上堂③,声必扬④。
人问谁,对⑤以名;
吾⑥与我,不分明⑦。

【注释】
①孰:谁;哪一个。　②存:在。　③堂:正房;正厅。　④扬:指提高声音。　⑤对:回答。　⑥吾:我。　⑦分明:清楚。

【译文】
将要进门的时候,先要问谁在家里;将要进入厅堂的时候,一定要提高声音。当别人问你是谁的时候,要报出自己的名字;如果只回答"吾"或"我",别人是没法弄清楚的。

> 用人物,须明求;
> 倘①不问,即为偷。
> 借人物,及时还;
> 人借物,有勿悭(qiān)②。

【注释】
①倘:假如。　②悭:吝啬(lìnsè)。

【译文】
借用别人的东西,必须当面请求;如果不请求就拿去用,这就是偷窃。借用别人的东西,要及时归还;别人向你借东西,如果有的话就不要吝啬。

> 凡出言,信①为先,
> 诈与妄②,奚(xī)③可焉④!
> 话说多,不如少,
> 惟⑤其是⑥,勿佞(nìng)巧⑦。
> 奸巧⑧语,秽污⑨词,
> 市井⑩气,切⑪戒之。

【注释】
①信:诚实;不欺骗。　②妄:荒诞;不合理。　③奚:怎

么。　　④焉：句末助词，起加强语气的作用。　　⑤惟：只有；只是。　　⑥是：实在；真实。　　⑦佞巧：花言巧语讨好别人。　　⑧奸巧：虚伪奸诈。　　⑨秽污：肮脏；不干净。　　⑩市井：指行为无赖、狡猾。　　⑪切：务必。

【译文】

凡是开口说话，首先要讲诚信，说话骗人或说出的话荒诞不经，这怎么可以呢！话说得多不如说得少，所说的话一定要符合事实，不要用花言巧语去讨好别人。虚伪奸诈的话，肮脏不洁的言辞，无赖狡猾的习气，务必彻底戒除。

见未真①，勿轻言；
知未的②，勿轻传。
事非宜③，勿轻诺④，
苟⑤轻诺，进退⑥错。

【注释】

①真：清楚；确切。　　②的：真实；确实。　　③宜：合适；适当。　　④诺：答应；应允。　　⑤苟：假如；如果。　　⑥进退：前进和后退。

【译文】

对没有看清楚的事情，不要轻易发表看法；所知并不确切的事情，不要轻易传告别人。不合适的事情，不要轻易承诺，如果轻易承诺了，你就会进退两难。

凡道字①,重②且舒③,
勿急疾④,勿模糊。
彼说长,此说短⑤,
不关己,莫⑥闲管⑦。

【注释】

①道字:指说话吐字。　②重:稳重。一说指发音吐字清楚。　③舒:缓慢;从容。一说指流畅。　④急疾:快速;急切。　⑤彼说长,此说短:指评论别人的好坏是非。彼:他;对方。　⑥莫:不要。　⑦闲管:毫无意义地瞎管。

【译文】

说话的时候,要稳重而且舒缓,不要说得太快,也不要咬字不清。那个人说长,这个人道短,凡与自己无关的事情,就不要去瞎管。

见人善,即思齐①,
纵②去③远,以渐跻(jī)④。
见人恶,即内省(xǐng)⑤,
有则改,无加警⑥。

【注释】

①齐:向……看齐。　②纵:即使。　③去:相差;距离。　④跻:登上;上升。　⑤内省:在心里进行反省。　⑥警:戒备;防备。

【译文】

　　看到别人的优点,就想着向对方学习,即使差距很大,也要渐渐达到与对方相同的水平。看到别人的缺点,就在心里进行反省,如果自己也有同样的缺点,就予以改正;如果自己没有这样的缺点,就引以为戒。

惟①德学②,惟才艺③,
不如人,当自励④。
若⑤衣服,若饮食,
不如人,勿生戚⑥。

【注释】

①惟:只有。　　②德学:道德学问。　　③才艺:才能技艺。　　④自励:自己勉励自己。　　⑤若:如果;假如。　　⑥戚:忧愁;悲伤。

【译文】

　　只有在道德学问、才能技艺方面比不上别人,应当自我勉励。如果在衣服饮食等方面比不上别人,用不着为此忧愁。

闻过①怒,闻誉乐,
损友②来,益友③却④。
闻誉恐,闻过欣⑤,
直⑥谅⑦士⑧,渐相亲。

【注释】

①过:错误;失误。　②损友:对自己有损害的朋友。③益友:对自己有益的朋友。　④却:后退。　⑤欣:喜悦;快乐。　⑥直:公正;正直。　⑦谅:诚信。　⑧士:对人的美称。

【译文】

听到别人指出自己的过失就生气,听到别人称赞自己就高兴,这样对自己有损害的朋友就会前来,对自己有益的朋友就会离去。听到别人称赞自己就心中不安,听到别人指出自己的过失就高兴,这样正直诚信的人就会渐渐与你亲近。

无心非①,名为错;
有心非,名为恶。
过②能改,归于无;
倘③掩饰,增一辜④。

【注释】

①非:错误;不对的事。　②过:错误;失误。　③倘:假使;如果。　④辜:罪。

【译文】

无意中犯下的过失,称为错误;故意做坏事,称为罪恶。有了错误就加以改正,与没有犯错误一样;如果犯了错误还设法掩饰,就是错上加错。

四、泛爱众而亲仁

【题解】

"泛爱众而亲仁",意即博爱众人,亲近有仁德的人。本节主要强调在与他人的交往与关系处理中,要充满爱心,要富有同情心。具体内容包括:

一、要设身处地为他人着想:当别人十分忙碌(lù)时,不要轻易去打扰;别人家里发生了不好的事情,不要四处去宣扬;别人有什么隐私,不要随便去揭露。

二、要注重自我约束,不自我夸耀,不嫉贤妒能,不仗势欺人。

三、要亲近有仁德的人,因为有仁德的人言行高尚,只有亲近他们,你的道德修养才能不断提高。

本节中所述道理大多十分中肯,但其中"扬人恶,即是恶"的说法并不正确,因为对别人的恶,我们有责任、有义务把它揭露出来,并加以惩处,使作恶者不敢,也无法继续作恶。

凡是人,皆须爱,
天同覆①,地同载②。

【注释】

①天同覆:指在同一个蓝天下。覆:覆盖;盖住。　②地同载:指在同一个大地上。载:承受。

【译文】

所有的人,都应该相亲相爱,因为大家生活在同一片蓝天下,同一个大地上。

行①高者,名②自高,
人所重,非貌高③。
才大者,望④自大,
人所服,非言大⑤。

【注释】

①行:品行;德行。　②名:名声;名誉。　③貌高:指容貌出众,仪表堂堂。　④望:声誉;名声。　⑤言大:指说的话过于夸张。

【译文】

品行高的人,名声自然就大,这是因为人们重视他的品行,并不是因为他的容貌出众。才学高的人,声望自然就高,这是因为人们佩服他的才学,并不是因为他能说大话。

己有能,勿自私;
人有能,勿轻訾(zǐ)①。

勿谄②富，勿骄贫③，
勿厌故④，勿喜新。

【注释】

①訾：说人坏话；诋（dǐ）毁。　　②谄：奉承；献媚。　　③骄贫：在穷人面前傲慢。　　④故：原来的；旧的。

【译文】

自己有能力，不要舍不得付出；别人有能力，不要随便去诋毁。不要向富人献媚，不要在穷人面前傲慢，不要讨厌所有旧的东西，不要只喜欢新的东西。

人不闲，勿事搅①；
人不安，勿话扰。
人有短，切莫揭；
人有私②，切莫说。

【注释】

①事搅：用事情去打搅。　　②私：指隐私。

【译文】

别人正在忙的时候，不要用事情去打搅；别人心中不安的时候，不要用话去骚扰。别人的短处，千万不要去揭露；别人的隐私，千万不要说出来。

道①人善，即是善，

人知之,愈②思勉③。
扬人恶,即是恶,
疾④之甚⑤,祸且⑥作⑦。

【注释】

①道:说。　②愈:越;更加。　③勉:努力;尽力。
④疾:憎恨;痛恨。　⑤甚:过分;厉害。　⑥且:将要。
⑦作:起;兴起。

【译文】

称赞别人的善行,这本身就是行善,因为别人知道后,会更加勉励自己行善。宣扬别人的恶行,这本身就是作恶,对别人的恶行过于痛恨,将会招来祸患。

善相劝①,德皆建②;
过③不规④,道⑤两亏⑥。

【注释】

①劝:鼓励;勉励。　②德皆建:指大家都可以培养好的品德。　③过:错误;失误。　④规:劝告;劝诫。　⑤道:道德。　⑥亏:欠缺;缺失。

【译文】

互相之间以善来勉励,大家都可以培养好的品德;如果对方有错误而不加劝告,那么双方的道德都会有缺陷。

凡取与①，贵分晓②，
与宜多，取宜少。
将加③人，先问己，
己不欲，即速已④。

【注释】

①与：给。　②分晓：明白；清楚。　③加：施加。
④已：停止。

【译文】

凡是财物的取得与给予，贵在清楚明白，给予时应该多一些，取时应该少一些。将要施加给别人的，应该先问一问自己是否愿意要，如果连自己都不愿意要，就应该赶快停止。

恩①欲报②，怨③欲忘，
报④怨短，报恩长。

【注释】

①恩：情义；恩惠。　②报：报答；答谢。　③怨：仇恨；极度不满。　④报：报复。

【译文】

对别人的恩惠一定要报答，对别人的怨恨应该忘记，报复怨恨的念头要短暂，报答恩惠的念头应长驻心间。

待婢①仆②，身③贵④端⑤，

虽贵端,慈⑥而宽⑦。
势服人,心不然⑧,
理服人,方⑨无言。

【注释】

①婢:婢女,旧时有钱人家雇来供使唤的女孩子。　②仆:仆人,受雇到别人家中做杂事、供役使的人。　③身:自己;本人。　④贵:以……为可贵。　⑤端:端正;品行正直。　⑥慈:和善。　⑦宽:宽厚,不严厉。　⑧然:对;正确。　⑨方:才。

【译文】

对待婢女和男仆,贵在自身品行端正,虽然自身品行端正很重要,但也要注意为人仁慈宽厚。用势力使他人服从,人家心中不服,只有用道理使他人服从,人家才会心服口服。

同是人,类不齐①,
流俗②众,仁者希③。
果④仁者,人多畏,
言不讳⑤,色⑥不媚⑦。

【注释】

①类不齐:种类各不相同。指人的品行有差别。　②流俗:指世俗之人。　③希:同"稀",指少、罕见。　④果:果真。　⑤讳:避忌;避讳。　⑥色:脸上的表情、神气。　⑦媚:有意讨好别人;巴结。

【译文】

同样都是人,但大家的品行并不相同,世俗之人众多,有仁德的人却很少。一个真正有仁德的人,人们大多对他有敬畏之心,这样的人直言无忌,脸上也不会有谄媚的神情。

能亲仁①,无限好②,
德日进③,过④日少。
不亲仁,无限害,
小人⑤进⑥,百事坏⑦。

【注释】

①仁:对人友爱,有同情心。 ②无限好:指好处极多。 ③日进:一天比一天增进。 ④过:错误;失误。 ⑤小人:指人格卑鄙的人。 ⑥进:接近;靠近。 ⑦坏:毁坏;败坏。

【译文】

能够亲近有仁德的人,有极多的好处,你的品德将日益增进,所犯的错误会日渐减少。不亲近有仁德的人,有极多的害处,小人将围绕在你的身边,所有的事情都会失败。

五、行有余力则以学文

【题解】

"行有余力则以学文",即"总叙"中所说的"有余力,则学文",但加了个"行"字,意思是进行道德修养时如果有多余的精力,就去学习文化知识。本节主要讲述了读书学习时的一些注意事项:

一是要把从事道德修养与学习文化知识结合起来,两者不可偏废。

二是读书时要做到"三到",即心到、眼到、口到;对于有疑问的地方,要及时记录下来,并向别人请教。

三是指出了读书环境对于学习效果有很大的影响,因此,书房里一定要做到窗明几净,笔砚端正,书架上书籍摆放整齐。

四是读书要读圣贤书,要以成为圣贤作为自己追求的目标。

上述要求对于人们更好地掌握文化知识、提高自身素质无疑是十分重要的,值得我们认真借鉴。

不力行①,但②学文,
长③浮华④,成何人。

但力行,不学文,
任⁵己见⁶,昧⁷理真⁸。

【注释】
①力行:努力实践。　②但:仅;只。　③长:增多;增加。
④浮华:只讲表面形式,不切实际。　⑤任:听凭;听任。
⑥己见:自己的意见。　⑦昧:不明白;无知。　⑧理真:真正的道理。

【译文】
不去努力实行,只顾学习书本知识,无非是增长一些不切实际的东西,怎么能成才呢。只顾努力去实行,不去学习书本知识,就会听任自己的偏见,而不明白真正的道理。

读书法,有三到①,
心眼口,信②皆要。
方③读此,勿慕④彼⑤;
此未终,彼勿起⑥。

【注释】
①三到:指心到、眼到、口到。　②信:确实。　③方:才;刚。　④慕:向往。　⑤彼:那;那个。　⑥起:开始。

【译文】
读书的方法,要注意三到:心到、眼到和口到,这三个方面确实都很重要。正在读这本书时,不要想着去读另一本书;这本书没有读完,就不要开始读另一本书。

宽为限,紧用功,
工夫①到,滞塞②通。
心有疑,随③札(zhá)记④,
就⑤人问,求确义⑥。

【注释】

①工夫:指做事所用的精力和时间。　②滞塞:阻塞不通。
③随:顺便。　④札记:读书时摘记要点。　⑤就:接近;靠近。　⑥确义:确切的含义。

【译文】

读书时所定的期限要宽,正式读起来则要抓紧时间,只要下足了功夫,书中的疑难自然会迎刃而解。如果心中有疑惑的地方,就要随手把它记下来,再找人请教,以弄清它的确切含义。

房室清①,墙壁净,
几案②洁③,笔砚正。
墨磨偏,心不端④;
字不敬⑤,心先病⑥。

【注释】

①清:清洁。一说指安静。　②几案:桌子。　③洁:干净;洁净。　④端:端正。　⑤敬:恭敬;端肃。　⑥心先病:指心中有杂念。

【译文】

书房要清洁,墙壁要干净,桌子要整洁,笔和砚台要摆正。如果墨磨偏了,说明你的心中不端正;写的字不工整,说明你心中有了杂念。

列^①典籍,有定处^②,
读看毕,还原处。
虽^③有急,卷^④束^⑤齐,
有缺坏^⑥,就补之。

【注释】

①列:按一定的顺序摆放。　②定处:固定的地方。
③虽:即使。　④卷:收起。　⑤束:捆住。　⑥坏:有的本子作"损"。

【译文】

要把书籍摆放在固定的地方,看完书后,要放回原处。即使碰到很急的事情,也要把书收起来或捆整齐,如果书有缺损,就要及时把它修补好。

非圣^①书,屏^②勿视,
蔽^③聪明^④,坏心志^⑤。
勿自暴^⑥,勿自弃^⑦,
圣与贤^⑧,可驯致^⑨。

【注释】

①圣:圣人,有极高品德和智慧的人。　②屏:除去;排除。

③蔽：遮掩；覆盖。　④聪明：智慧；才智。　⑤心志：意志。　⑥自暴：自己糟蹋(tà)自己。暴：糟蹋。　⑦自弃：自己抛弃自己。　⑧贤：有品德或才能的人。　⑨驯致：逐渐到达。驯：循序渐进。致：达到；实现。

【译文】

不是圣贤书，要摒弃不看，因为它们会遮蔽人的智慧，败坏人的意志。不要自己糟蹋自己，也不要自己抛弃自己，圣人和贤人的境界，通过努力，可以逐渐达到。

附录：弟子规（原文+拼音）

一、总叙

dì zǐ guī　shèng rén xùn　shǒu xiào tì　cì jǐn xìn
弟子规，圣人训。首孝弟，次谨信。

fàn ài zhòng　ér qīn rén　yǒu yú lì　zé xué wén
泛爱众，而亲仁。有余力，则学文。

二、入则孝，出则弟

fù mǔ hū　yìng wù huǎn　fù mǔ mìng　xíng wù lǎn
父母呼，应勿缓。父母命，行勿懒。

fù mǔ jiào　xū jìng tīng　fù mǔ zé　xū shùn chéng
父母教，须敬听。父母责，须顺承。

dōng zé wēn　xià zé qīng　chén zé xǐng　hūn zé dìng
冬则温，夏则清。晨则省，昏则定。

chū bì gào　fǎn bì miàn　jū yǒu cháng　yè wú biàn
出必告，反必面。居有常，业无变。

事虽小，勿擅为，苟擅为，子道亏。

物虽小，勿私藏，苟私藏，亲心伤。

亲所好，力为具；亲所恶，谨为去。

身有伤，贻亲忧；德有伤，贻亲羞。

亲爱我，孝何难？亲憎我，孝方贤。

亲有过，谏使更，怡吾色，柔吾声。

谏不入，悦复谏，号泣随，挞无怨。

亲有疾，药先尝，昼夜侍，不离床。

丧三年，常悲咽，居处变，酒肉绝。

丧尽礼，祭尽诚，事死者，如事生。

兄道友，弟道恭，兄弟睦，孝在中。

财物轻，怨何生？言语忍，忿自泯。

或饮食，或坐走，长者先，幼者后。

长呼人，即代叫，人不在，己先到。

称尊长，勿呼名。对尊长，勿见能。

路遇长，疾趋揖；长无言，退恭立。

骑下马，乘下车；过犹待，百步余。

长者立，幼勿坐；长者坐，命乃坐。

尊长前，声要低，低不闻，却非宜。

进必趋，退必迟，问起对，视勿移。

事诸父，如事父；事诸兄，如事兄。

三、谨而信

朝起早，夜眠迟，老易至，惜此时。

晨必盥，兼漱口，便溺回，辄净手。

冠必正，纽必结，袜与履，俱紧切。

置冠服，有定位，勿乱顿，致污秽。

衣贵洁，不贵华，上循分，下称家。

对饮食，勿拣择，食适可，勿过则。

年方少，勿饮酒，饮酒醉，最为丑。

步从容，立端正，揖深圆，拜恭敬。

勿践阈，勿跛倚，勿箕踞，勿摇髀。

缓揭帘，勿有声。宽转弯，勿触棱。

执虚器，如执盈。入虚室，如有人。

事勿忙，忙多错。勿畏难，勿轻略。

斗闹场，绝勿近。邪僻事，绝勿问。

将入门，问孰存；将上堂，声必扬。

人问谁，对以名；吾与我，不分明。

用人物，须明求；倘不问，即为偷。

借人物，及时还；人借物，有勿悭。

凡出言，信为先，诈与妄，奚可焉！

话说多，不如少，惟其是，勿佞巧。

奸巧语，秽污词，市井气，切戒之。

见未真，勿轻言；知未的，勿轻传。

事非宜，勿轻诺，苟轻诺，进退错。

凡道字，重且舒，勿急疾，勿模糊。

彼说长，此说短，不关己，莫闲管。

见人善，即思齐，纵去远，以渐跻。

见人恶，即内省，有则改，无加警。

惟德学，惟才艺，不如人，当自励。

若衣服，若饮食，不如人，勿生戚。

闻过怒，闻誉乐，损友来，益友却。

闻誉恐，闻过欣，直谅士，渐相亲。

无心非，名为错；有心非，名为恶。

过能改，归于无；倘掩饰，增一辜。

四、泛爱众而亲仁

凡是人，皆须爱，天同覆，地同载。

行高者，名自高，人所重，非貌高。

才大者，望自大，人所服，非言大。

己有能，勿自私；人有能，勿轻訾。

勿谄富，勿骄贫，勿厌故，勿喜新。

人不闲，勿事搅；人不安，勿话扰。

人有短，切莫揭；人有私，切莫说。

道人善，即是善，人知之，愈思勉。

扬人恶，即是恶，疾之甚，祸且作。

善相劝，德皆建；过不规，道两亏。

凡取与，贵分晓，与宜多，取宜少。

将加人，先问己，己不欲，即速已。

恩欲报，怨欲忘，报怨短，报恩长。

待婢仆，身贵端，虽贵端，慈而宽。

势服人，心不然，理服人，方无言。

同是人，类不齐，流俗众，仁者希。

果仁者，人多畏，言不讳，色不媚。

能亲仁，无限好，德日进，过日少。

不亲仁，无限害，小人进，百事坏。

五、行有余力则以学文

不力行，但学文，长浮华，成何人。

但力行，不学文，任己见，昧理真。

读书法，有三到，心眼口，信皆要。

方读此，勿慕彼；此未终，彼勿起。

宽为限，紧用功，工夫到，滞塞通。

心有疑，随札记，就人问，求确义。

房室清，墙壁净，几案洁，笔砚正。

墨磨偏，心不端；字不敬，心先病。

列典籍，有定处，读看毕，还原处。

虽有急，卷束齐，有缺坏，就补之。

非圣书，屏勿视，蔽聪明，坏心志。

勿自暴，勿自弃，圣与贤，可驯致。